瑠美子、君がいたから

Rumiko

二人で歩んだ人生ノート

高井保秀
takai yasuhide

亜璃西社

武蔵野市吉祥寺「吉祥寺シアター」の前で（2015年11月）

婚約中に大阪市中之島公園で（1978年５月）

大阪市太閤園にて挙式（1978年10月）

ロサンゼルス「アニー・ハーレット」
のチームメイトと（2000年春）

ロサンゼルス・レドンド
ビーチでケンと
(1996年 8 月)

ロサンゼルス・トーレ
ンス市の自宅前
(1996年 4 月)

千葉県白井市「今井の桜」の下にて（2015年４月）

大阪城近くのKKRホテル大阪「感謝の会」会場（2018年６月）

瑠美子、君がいたから＊目　次

＊本書の登場人物名は、一部を除き仮名としました

序章

緩和ケア病棟での闘病──ハロウィンの飾りつけ

長く厳しい夏もやっと終わり、季節は秋に入っていた。しかし、西に傾きかけた太陽の日差しが、車を運転する伸一の頬を照らし、まだ炎節の名残を感じさせた。

午後の外出から病棟に戻ると、石山看護師長と松川看護師が病棟のラウンジでハロウィンの飾りつけをしていた。「もうそんな季節になったのか！」

伸一は時の流れの速さに驚いた。カレンダーの日付は九月末になっていた。

入院して二か月半、「今夜も無事に越せた……」。

カーテン越しに窓が明るくなると、伸一はつぶやいた。

脳機能に障害が出ていた瑠美子は、体温調節がうまくできない。毎夜微熱が出るため、頭と背中に保冷剤を敷き、冷やしたタオルを額にのせてクーリングを行っていた。伸一を最も悩ませたのは、瑠美子の唾液や痰を除去する吸引だった。夜中に息を吸う時に苦しみ、むせこむ瑠美子の吸引を看護師に依頼する状態が続いた。このような状況が、伸一を真夜中も二時間と続けて眠らせることがなく、気の休まらない、神経をすり減らす看病の日々が続いていた。

少し前の九月下旬、担当医の松本医師からオプジーボの投与による治療効果の有無を告げられた。三回目のオプジーボ点滴の効果を、ＣＴ検査で行った結果だ。

「肺の小さな転移巣が縮小しておらず、むしろ少し大きくなっています」

「残念ながら、四回目の点滴は行えません」

松本医師は静かに伸一に告げた。高価な薬なので、薬効がなければ続けられないのは仕方がない。しかし本心は、あと一、二回続けて欲しかった。

オプジーボは、肺がんの患者にも効果のある免疫療法の一種だ。薬そのものが直接がん細胞を攻撃するものではなく、患者に備わっている免疫力を本来の力に戻して、がん細胞を攻撃する治療法だ。巷で認識され始めたばかりの薬だが、高価なため誰もが処方を受けられる薬ではなかった。かつて瑠美子が手術を受けた大学附属病院の腫瘍内科の医師に、オプジーボの使用をお願いしたことがあった。しかし二度頼んで、二度断られていた。

七月中旬、緩和ケア病棟に入院してすぐ、松本医師との面談があった。面談室に入ると医師と石山看護師長が座っている。前日に採血した血液検査の結果を見て、松本医師は「血液検査の結果はすごく良いですよ」「ご主人が大切に看病されてきたことが分かります」と言葉をかけてくれた。

今まで伸一が自宅で看病してきた苦労が、一気に報われる言葉だった。松本医師の専門は呼吸器外科だったが、患者と家族の心に寄り添う気持ちを感じさせ、医師として一番大切な仁術を備えていると思った。

面談の最後に、「先生、オプジーボを一回でも結構ですので、投与をお願いできないでしょうか」伸一は断られることを承知の上でお願いした。

お願いしながら、うっすら涙が滲み、医師の顔が霞んで見えた。

松本医師は少し沈黙したのち、「一度、検討しましょう」と答えた。

考えてもみない返事が返って来て、伸一は驚いた。

通常、緩和ケア病棟では、がんをなくすための積極的な治療はしないことになっている。それを知りながら伸一は、藁にも縋る思いでお願いしたのだ。何とかして瑠美子を助けたい一心だった。

それから十日ほど経ったある日の午後、伸一は松本医師に呼ばれた。何と、オプジーボを投与してくれるというのだ。松本医師は伸一との面談の後、病院と製薬会社に相談・交渉し、使用が認められるよう働きかけてくれていた。

オプジーボの投与が認められるには、いくつかの条件があった。それは、「手術ができない」「再発、もしくは転移をしている」という二点である。

さらに、処方時の患者の日常における生活活動度が、一定以上のステータスでなければならない。瑠美子は前の二つの条件はクリアしているが、日常の生活活動度については一定以上でないと判断されてもおかしくなかった。松本医師は瑠美子の血液検査の結果が、健常人以上に良い状態であることを根拠に説得してくれたのだろう。もし、脳のがん細胞がなくなれば脳機能障害がなくなり、通常の生活を送れる可能性がある、と。

伸一は松本医師の決断と行動に、心の中で手を合わせた。緩和ケア病棟に入院したままでは、オプジーボは投与できない。いったん一般病棟に移り、抗がん治療としてオプジーボを投与することになる。そこまでして、松本医師は伸一の願いを聞き入れてくれたのだ。オプジーボの点滴を開始し始めたのは八月中旬のことで、二回目が八月末だった。医師から告げられた薬の効果についての判定は、

「肺の小さな転移巣が消滅、もしくは縮小すること」

「もう一つは、脳機能障害に改善がみられること」だった。

伸一は一回目のオプジーボの点滴が終わった翌日から、瑠美子の脳機能障害のどんな小さな改善も見逃すまいと観察していた。瑠美子がベッドで寝ている時に、膝を立てる動作が多くなったと喜び、日中に覚醒している時間が長くなったと喜んだ。少しでも改善している点がないかを、ずっと探し続けた。

しかし、三回目の点滴時点でも、明らかな脳機能障害の改善は見つからない。三回目の点滴が終われば、二週間後に効果測定のＣＴ検査が待っている。その結果次第で四回目の

点滴は中止となる可能性があった。オプジーボの点滴による効果を期待していた一回目、二回目に比べ、三回目の点滴後は、効果の期待よりも不安の方が大きくなっていた。

「オプジーボは、瑠美子に効かないのではないか？」

一般的に、オプジーボを処方された肺がん患者の二、三割ほどに、改善効果があると聞いていた。また松本医師からは、がん性髄膜炎は脳に血液脳関門（血液と脳の組織液との物質交換を制限する機構）があるため、薬成分が脳に入りにくく、薬効は一般より低くなると聞かされていた。そのため、薬が効く可能性は低いと伸一は覚悟していた。

三回目のオプジーボ点滴から二週間が経ち、最終判断になるCT検査の結果が出た。医師からは、肺にある小さながんも小さくなっていないという結果を告げられた。

「瑠美子は、オプジーボが効く二、三割の患者の中に入らなかった……！」

それ以降、伸一は気持ちの落ち込む日々が続いていた。

伸一は、緩和ケア病棟のスタッフステーションの天井から下がる、ハロウィンの飾りつけを見上げた。カボチャを形取ったお化けやクモの巣、キャンディーなどの飾りがつり下げられている。それらの飾りと色とりどりの華やぎが、落ち込んでいた伸一の心を少しだけ明るくした。

伸一の脳裏に、ロサンゼルス時代のハロウィンの記憶が鮮やかに蘇ってきた。瑠美子の母・信子がロサンゼルスに遊びに来たのは二十年ほど前、ちょうどハロウィンの時期だった。現地では夜になると近所の子供たちが仮装して、「トリック or トリート」「お菓子をくれなきゃいたずらするぞ」と言いながらお菓子をねだって家々を回る。

部屋の窓からうす暗くなった外を見ていた母が、街灯に照らされた子供たちの仮装姿を見て、「怖いっ！」と言って窓辺から飛びのいた。その傍らには、大きくなった犬のケンがいた。その横には、目が三角で、大きく裂けた口の中に、ローソクの明りが山吹色に温かく灯る、中身がくりぬかれた大きなカボチャが置かれていた。

あの頃が、自分たちの人生で一番楽しい時期の一つだった。何故、その時にその幸せをもっとしっかり噛み締めなかったのだろう。

瑠美子が肺腺がんになり、それが脳に転移して緩和ケア病棟で闘病することになるとは夢にも思わなかった。現在の日本人は、二人に一人ががんになり、三人に一人はそのために亡くなると聞く。自分たちもその可能性があることは、頭では分かっていた。だが、瑠美子が現実にその病を患うまで、二人には関係のないことだと思っていた。

「悲しいものだ、人というのは」

普通の平凡な生活が、一番幸せだということに気づかないのだ。会社に勤める者は、自分の評価や昇進・昇格、昇給の額に一喜一憂する。会社での出来事が自分の生活の中で一番の関心事であり、家族のことは二の次になりがちだ。しかし、会社は定年が来れば去らなくてはならない。どんなにまだ勤めたいと思っていても。その忙しく働いている間に、家族との絆を深め楽しまなければ、あっという間に人生は過ぎ去ってしまう。

ビジネスパーソンとして渦中にいると、頭で理解してもなかなか実践できない。会社ではどんな仕事も効率を求められ、短期間に成果を出さなければならず、そのことに追いたてられることが多い。大切なのは一度立ち止まり、家族や自分にとって真の幸せは何かを問いかけることだ。

瑠美子と結婚して三十九年、幸福で充実した日々を送ることができた。彼女の優しい性格に助けられたことが多かった。お互い信頼し合い、趣味のテニスに一緒に汗を流した。瑠美子は伸一と一緒に出掛けることを好み、伸一の行く所にはいつも付いてきてくれた。

血液型が人の性格を決定するとは思わないが、少しは関係があるかもしれない。父がB型、母はO型、伸一はOB遺伝子型のB型だ。瑠美子の父はA型、母はB型で、瑠美子はOO遺伝子型のO型である。伸一は思いついたら、すぐに行動する猪突猛進型で、それにブレーキを掛けるのが彼女の役割だった。そのブレーキ役が、今ベッドの上で身動き一つできない状態にある。このような状況になって、幸せだった二人の生活を振り返ってみると、改めて瑠美子への感謝の気持ちが大きく湧き上がってきた。

「山あり谷ありの人生を共に歩んでくれて、本当に幸せだったよ」

声に出して瑠美子の耳元に呼びかけても、表情は変わらず、指一本の動きもなかった。

吸引

緩和ケア病棟に瑠美子が入院したのは二〇一七年七月十八日、夏に向かう蒸し暑い日だった。

入院してすぐ、吸引に頼ることになる。夜半、「グルルー、グル、グルー」湿ったのどの音がベッドから聞こえる。

「また始まったか」

薄暗い病室の中、伸一は瑠美子の横のソファベッドから身を起こした。急に瑠美子の眉間に皺が寄り、苦しむ表情になった。嚥下がスムーズにできなくなった瑠美子は、自分の唾液や痰をうまく胃に呑み込めない。吐き出すことは、なおさらできない。それらが気管へ入りそうになる、その感触が非常に辛いのだ。

「ゲェー、ヒェエー、グッグッ」のど音が、苦しそうな表情とともに始まる。のど元に唾液や痰がとどまり、肺に空気がスムーズに入ることを邪魔している。急いでベッドの頭上にある、オレンジ色のナースコールボタンを押した。

マイクを通して、看護師から「うかがいます」とすぐに声が返ってくる。「ありがたい」と心から思う。自宅で看病をしていれば、このような時、どうすれば良いか大いに悩み、苦しむはずだ。電話をかけ、訪問看護師に急いで来てもらっても小一時間はかかるだろう。家には吸引装置もない。助けてやろうにも、助けられないもどかしさや恐怖、無力さを、伸一は感じるに違いない。そう考えると、嚥下が難しくなってきた患者を持つ家族は、入院を考えざるを得ないのではないだろうか。

「シュー」壁に取り付けられた吸引装置の、空気を吸い込む乾いた音が病室に響く。

「瑠美子さん、入りますよー」看護師が声をかける。

吸引装置につながった細い管（吸引カテーテル）が口からのど元に入れられていく。

伸一は瑠美子の手を握りながら、不安と辛さを和らげてやりたくて、右手で肩をトントンとたたく。「ジュ、ジュジュー、シュー」管を通して唾液と痰が吸い取られていく。

「ゴクッ、ヒェー」瑠美子の唸り声も交錯する。

伸一はそばにいて、その光景を見ることができない。付き添いをしていて、一番つらいのがこの吸引の時だ。頭を下げ視線を落とし、ただ手を握ってやることだけしかできない。

口からの吸引で十分でない時は、鼻の穴から吸引のカテーテルを入れることもある。

「鼻から入れますよー、ごめんね、嫌だよねー」看護師は瑠美子に話しかける。

「ゴホッ、ゴホッ」と気管入り口近くの唾液などを吐きだす。

「そうそう、偉いねえー」看護師は励ましながら吸引していく。

唾液や痰が吸引されると、「ヒェッ、ゲッゲゲッー」入りづらかった空気が、瑠美子の肺に入りだす。それでも舌がのどの奥に引っ込んでいるため、思うように空気が入らない。

「ゆっくり息を吸って！」看護師が声をかける。

伸一も、握った瑠美子の手に力を入れながら、「ゆっくり、深呼吸だよ」と耳元で励ます。

吸引の時間は一、二分ほどの短い時間だ。短いが苦しかった証拠に、瑠美子の目頭に涙がたまっている。

「苦しかったねー」と言いながら、看護師がティシュで涙を拭いてくれる。看護師の優しさがしみじみと伝わって来た。伸一も瑠美子の耳元で「頑張ったねー。あとは楽になるよ」と大声で話しかける。彼女に励ましの言葉が届いているかは分からない。しかし、少なくとも伸一には、自分自身に言い聞かせて心を落ちかせる効果にはなっていた。

二十の病室を抱える緩和ケア病棟には、十数名の看護師がいる。その中でも吸引の上手な看護師が夜の担当になると、伸一は心強く感じた。上手な看護師は腰をかがめ、瑠美子の口の奥が見えるように姿勢を整える。カテーテルの先をのどの奥に慎重に入れていく。カテーテルがのどの壁に当たり進まなくなると、右手の親指と人差し指に挟んでいるカテーテルをすこし回す。すると止まっていたカテーテルが動き進んでいく。20～25㎝ほど入ったところで吸引を始め、今度はゆっくりカテーテルを引き出していく。唾や痰がたまっている場所に来ると、カテーテルの先が吸引を始める。

「ジュ、ジュルジュジー」吸引はカテーテルの先から空気を吸い込むため、長い時間続けると、患者が呼吸しづらくなり体力を消耗させる。上手な看護師は患者の呼吸に合わせ、息を吐き出す時に左手で空気の穴を押さえ吸い取っていく。的確に、痰や唾液を短時間で吸い取り、休む。これを三、四度繰り返す。

結果的には短時間の吸引で済むので、患者にとって負担が少ないのだ。事実、瑠美子は上手な看護師に吸引してもらうと、すぐに空気が肺に入っていく。吸引といえども、経験と患者を思いやる気持ちがあってこそ上手になるのだろう。

緩和ケア病棟に入院して、驚いたことがある。

患者の病状のどんな変化にも、看護師たちはてきぱきと対処し、病院もその体制を整え、医師・看護師がチームを組んで患者をサポートしていく。家で自分が看病していれば、到底できないことばかりで、「もう少し入院が遅れていたら、瑠美子か自分のどちらかがだめになっていた」そう伸一は思った。

自宅で意識がもうろうとした患者を、一人で看病するには限界がある。いくら訪問看護、訪問介護の協力があったとしても。看病する家族は最低でも二人以上必要だ。もしくは、患者本人の意識がしっかりしていないと危険だ。改めて、二人が子供を授からなかったことを残念に思った。もし子供がいれば、自分と交代で看病することができたかもしれない。

瑠美子と伸一の親戚は大阪と広島に居り、遠く離れている。看病の応援を頼むには、距離が遠すぎる。結局のところ、瑠美子を支えるのは自分一人しかいない。この覚悟と責任感が、今の伸一を支えていた。

「これも自分の運命、今この環境で最善を尽くそう」伸一は苦しい時、いつもこの言葉を心で呟く。

吸引の回数は日によって違う。多い時は一日数回になる時もあるし、少ない時は夕食の栄養剤注入前の一回という時もあった。看護師が吸引をする時、「気が弱くて、見ることができません。手を握ってやることだけです」と言うと、

「患者さんのご家族は、皆さんそうです。見ていても辛いですものね」看護師は当然という顔で、伸一の言葉に答えた。

この吸引は、やり方を学べば、自宅で家族が行うこともできるそうだ。しかし伸一は、苦しむ瑠美子の顔を見ながら、しっかり吸引ができるとは到底思えなかった。

大量の点滴を受けている患者は、唾液や痰が増える。自分で唾や痰を排出できない患者は、吸引しないと気管にそれが入り、肺炎を起こす可能性がある。真夜中であろうと、瑠美子ののどがグルグルと鳴り、苦しそうにすれば、ナースコールボタンを押して依頼する。

特に、病室を離れる夜の二時間と午後の一時間は、瑠美子の呼吸がスムーズでないような場合、とても心配になる。もし、自分の外出時に瑠美子の唾や痰が気管に入れば、苦し

むのは目に見えている。できれば事前に吸引をしてもらい、吸引の必要のない状態で病室を離れたい。勝手な伸一の考えだが、自分でナースコールのボタンを押せない瑠美子には重大な問題なのだ。伸一が自宅に帰らず病室で寝泊まりするのは、この心配からだった。

第一章　出会い

二人の出会い

中川瑠美子は、大阪市旭区の新森に生まれた。父と母、兄の四人家族で、両親からの愛情をたっぷり受けて育った。小・中学校時代から勉学とともに、スポーツやピアノなどに熱心に取り組む少女だった。背は高く、温和で明るく気取らない性格だったので、クラスでも目立つ存在の一人になっていた。中学校の成績も優秀で、大阪城の西側に建つ高校に進学後、西宮市の北側に位置する、アメリカ人宣教師が創立した歴史ある大学に進学する。

高山伸一は大阪南部の岸和田市で生まれた。父と母、姉に兄の五人家族で、父親は郵便局に勤めていた。父親は学生時代に陸上部でハードルの選手として活躍した。その血を引いたのか、伸一も走ることは得意だった。地元の小・中学校を卒業し、岸和田城の東側に建つ高校に進学した。中学時代から水泳部に属し、高校時代も勉強よりは水泳部の活動に精を出した。大学は大阪から遠く離れた北海道を選んだ。親元からできるだけ遠く離れた地に行きたかったのだ。

二人が初めて出会ったのは、勤務する食品輸入商社の大阪営業所だった。営業所は安土《あづち》町《まち》にある大阪国際ビルの二十二階にあった。当時としては、大阪でも十指に入る高層ビルの一つで、事務所からは大阪平野の東・南・西側を遠くまで眺めることができた。

伸一は大学を卒業した年の一九七四年十一月、その会社に入社した。伸一が入社した翌春、大学新卒として二名の女性が大阪営業所に配属された。その一人が瑠美子だった。ロングヘアーの瑠美子を初めて見た伸一の印象は、「清潔感のある、背の高いスリムな女性だな」というものだった。しかし、特にそれ以上感じるものはなかった。

入社した瑠美子にとっても、伸一は会社の先輩の一人という程度の関心しかなかった。伸一自身は高校時代から好意を持つ女性はいたが、縁がなくその時に付き合っている人はいなかった。

瑠美子は大阪営業所の営業課に配属となり、伸一の隣の席に座ることになった。営業課の構成は、鈴本課長の下に六人の営業マンと二人の営業事務の女性がいた。瑠美子は営業事務として、主に売り上げの集計と売上表の作成を担当していた。

伸一の会社は、海外の高級ブランド食品の輸入販売を行うとともに、嗜好品の原材料を輸入してグループ会社で製品化し、その卸販売も行っていた。品質の高いブランド食品を数多く扱う専門商社として、業界では一目置かれる存在であり、商品の販路は百貨店や専門店、高級スーパーなどが中心だった。

瑠美子は、入社して一か月も過ぎると会社の雰囲気に慣れ、本来の性格を素直に出すようになっていた。瑠美子の父親は、ニット服の製造卸の小さな会社を経営し、兄がその会社を手伝っていた。伸一は初め彼女のことを、少し近寄りがたい人だと思っていた。しかし実際の瑠美子は、ユーモアがある気取らない性格の女性だったが、それでも二人は、会社の先輩・後輩の間柄のままだった。

その関係に変化が出始めたのは、秋も深まった頃、二人で歳暮の商品カタログを事務所の倉庫に取りに行った時のことだ。刷り上がったばかりの商品カタログが倉庫にうず高く積まれ、湿った空気にインクの匂いが充満していた。

狭い倉庫で作業をしていると、瑠美子がいきなり「私、高山さんを尊敬しています」と伸一を見つめて言った。伸一は、突然言われたことに少し戸惑い、「あ、ありがとう」と答える以外に適切な言葉が思いつかなかった。倉庫を出てから、「どうして、そんなことを言うのかな?」と伸一は思った。その時は付き合う対象として見ておらず、さほど気にもせず時は流れた。

その年の暮れ、仕事納めの食事会が開かれた。勤務の最終日、事務所の大掃除が終わり、大阪国際ビル地下の日本料理店で納会は始まった。鍋からカツオだしの匂いがする湯気が立ちのぼっている。伸一は上司や先輩に酒をつぎに回る。

「今年一年、お世話になりました。来年もよろしくお願いいたします」そのたびに、持って行った杯に返杯をもらった。一回りしてお酌を終え、自分の席に戻り、前の席にいる瑠美子にも、伸一は酒をすすめた。ほんのり頬が赤くなっていた彼女は、自分のお猪口の酒をぐっと飲み干すと、「返杯！」と今飲み干したばかりのお猪口を伸一に差し出した。

普通、返杯は男同士ではよくあるが、女性からもらうのは初めてだった。まして、今自分が飲み干したお猪口を差し出したのだ。

伸一は秋の倉庫でのこと、そしてこの納会での返杯のことがあり、瑠美子のことを意識するようになった。しかし交際が始まるのは、まだ先のことだった。

「返杯」の件以降、伸一は瑠美子の日頃の言動や勤務ぶりを観察するようになった。彼女はどちらかと言うと慎重な性格だ。しっかり相手の話を笑顔で聞き、的確な返答をする。しかもその返答の中には、ユーモアと思いやりが感じられる。今まで伸一が育った環境で、出会ったことのないタイプの女性だった。

瑠美子は男性社員からはもちろん、同性の社員からも好感を持たれていた。話をしていて、心地よい雰囲気を醸し出すことが好まれていた。「こんな人と結婚したら、明るく楽しい家庭を築けるだろうな」そんなことを伸一は漠然と考えるようになった。しかし、伸一はまだ二十四歳、結婚はまだまだ先のことだと考えていた。

伸一の会社の社長は創業者であり、当時、年齢は四十八歳。仕事熱心で柔軟な考えを持ち、好奇心旺盛な経営者だった。会社を誠実な人柄、信用と才覚でゼロから築き上げた。社員思いの社長で、「一所懸命仕事をし、休養する時はしっかり休みなさい」と話すのを一度ならず聞いていた。そんな社長の考えもあり、仕事の調整ができていれば、一週間の休暇も遠慮なく取れた。

また終業後、上司や先輩が仕事で残っていても、「何かお手伝いすることはありませんか？」とひと声掛け、なければ付き合い残業をする必要は一切なく、当時としてはオープンで働きやすい雰囲気の会社だった。また社員は皆、穏やかな性格で親切だった。のちに知ることになるが、社員採用に際して社長の考えがそうさせていた。

「一に人柄、二に商才」社長は人を採用する時に、この「商才よりも人柄が大切」という明確な基準を持っていた。いくら仕事ができても人柄を信用できない人は、いつか会社や周囲に迷惑をかける。人柄が第一で採用された社員が多い会社は、互いに信頼し合い和気あいあいと仕事をすることができた。瑠美子もその雰囲気を心地よく感じ、楽しそうに仕事をしていた。

瑠美子が入社して一年が経ち、二度目の中元商戦を迎えた。会社が扱う高級紅茶のギフトセットは評判が良く、生産が間に合わないこともあった。ちょうど日本経済が、高度成長から安定成長に移行する時期だったこともあり、食生活の洋風化とともに、紅茶やコーヒー、ココアなどの嗜好品を楽しむゆとりが大切にされ始めていた。しかも、高品質な商品が好まれる時代になっていた。

暑く長い中元商戦も終わった八月、伸一は会社の先輩男性二人と沖縄旅行を楽しんだ。返還後間もない沖縄は、まだ異文化の匂いが残る時代だった。英語の横文字が道路際の看板にも多く見られた。

那覇市から遠くない宜野湾市に「サムズ アンカーイン」という有名なステーキハウスがあった。船内を模した店内の入り口には、著名人の色紙が飾られている。伸一たちが座るテーブルの鉄板で、長い刀のようなナイフと大きなフォークを器用に使い、シェフが分厚いステーキ肉を焼き、手際よくカットしていく。味付けはニンニクとしょうゆを使う和風で、食べやすかった。

米軍基地が多い沖縄は洋食文化も普及しており、ステーキを食べる人も多い。大阪で食べる肉よりも、ずっと柔らかく美味しかった。聞くと、肉を豪州からチルドで運ぶため、ジューシーで値段も安かった。

米国系のホテルも大きく豪華で、中庭には夜でも入ることができるプールがある。夜はプール底の青色が水中の照明で美しさを増し、まるで外国にいるようだった。また、本州ではお目にかからない真白い砂のビーチが美しく、伸一は乾いた砂の上に寝ころび、中元商戦の疲れを癒した。そんな開放的な気分に浸り、伸一は素直な気持ちになっていた。

「中川さんに沖縄の土産を買って帰ろう」そう考えた。

土産は、薄紫色の貝でできたネックレスにした。「きっと、中川さんの細い首に似合うだろう」と思った。この頃には、瑠美子の穏やかな性格やユーモアのある話し方、顔いっぱい広がる笑顔に強く惹かれるようになっていた。

旅行から帰った伸一は、隣に座る瑠美子の机にメモ書きを二つ折りにしてそっと置いた。「今度の金曜日の夜、食事に行かない？」すぐに「ＯＫです」瑠美子からメモが返ってきた。その返事の速さが、伸一には無性に嬉しく感じられた。

淀屋橋と梅田の間にあるイタリア料理店「アトラーニ」で、初めて二人だけで食事をした。この店は瑠美子が友人と来たことがあり、ピザパイが美味しいと言う。アトラーニはイタリア半島の南にある小さな町の名らしい。ダークブラウンの木目の壁が、落ち着いた雰囲気を醸し出していた。夜の七時前なので、客はまだ少ない。

窓際のテーブルに座り、二人は赤ワインで乾杯した。聞いたことのあるカンツォーネの曲が静かに流れている。テーブルの上の小さなローソクの灯りが、ワインを飲んだ瑠美子の顔をほんのり赤く照らした。料理が来る前に、伸一は沖縄で買ってきたネックレスの包みを取り出した。「これは沖縄のお土産」伸一が手渡す。

瑠美子は包みを開け、紫色の貝殻でできたネックレスをそっと手に取った。「綺麗な色。ありがとう」嬉しそうな目を伸一に向けた。

伸一も瑠美子を見つめ、「付き合って欲しいんだ」とストレートに言った。

瑠美子はにっこり笑い、

「お願いします」

と答えてくれた。

結婚

伸一が瑠美子に交際を申しこんでから、二人は会社の帰りにデートを重ねた。デートの場所は、会社から徒歩で十分ほどの中之島公園が多かった。「いつもの場所で待ち合わせ」という約束で、その時刻を二人だけにわかる方法で決めていた。

会社が取引先に出荷する商品には、納入率が決まっている。紅茶の一次店への納入率が73％だとする。瑠美子が夕方、伸一の席の隣にいる時「一次店への紅茶の納入率は73％だな」伸一は独り言をつぶやく。瑠美子はこの言葉を聞き「いつもの場所で、七時半だわ」と理解する。するとすかさず、「了解です」と合図が返ってくる。

スマホもパソコンもない時代だ。待ち合わせ時刻を知らせる方法は原始的だが、二人には楽しい決め事だった。

待ち合わせ場所は、御堂筋と土佐堀通の交差点にある美津濃スポーツ店前と決まっていた。いつも伸一が先に着き、瑠美子を待った。五分か十分のことだったが、瑠美子を待つことが嬉しかった。御堂筋を流れる車の灯りをぼんやり眺め、瑠美子を待った。時間が少しある時は店の中に入り、最新のスポーツ用品を見て時間を過ごした。

瑠美子が来ると二人は梅田方向へ歩き、幅の広い淀屋橋を渡る。橋を渡った所を右に折れ、階段を降りれば中之島公園だった。中之島公園は土佐堀川沿いに東西に細長くのびている。二人は公園を東に三分ほど歩き、川側を背にしたベンチに座るのが常だった。青黒い夜空の下にビルの明りが見渡す限り続いていた。

伸一は二人の交際を、会社の人たちには知られないよう注意を払っていた。社内で付き合っていて、もし何かの理由で別れた時にいづらくなるのは女性の方だ。そう考え、慎重に行動した。

交際が始まって二か月が経った十月中旬のことだった。伸一が昼食から戻ると、「高山君、ちょっといいか」と営業課の鈴本課長に声を掛けられた。課長は会議室の方に歩いて行くので、伸一はその後を追った。会議室で二人きりで話すことは初めてで、「何の話だろう？」と伸一はいぶかった。

課長は伸一が席に着くなり、「今度、札幌に出張所を開設することになった。責任者として君に行って欲しいと思っている」突然の人事異動の話だった。札幌の大手百貨店に、当社の商品群を扱う専門コーナーを新設することになったという。

「札幌に事務所を開設し、北海道全体に販路を広げる」このような会社の構想だった。しかし「どうして、入社二年目の二十五歳になったばかりの私に？」と伸一は思った。課長の話では、社長が「若くて元気のある社員に、新しい出張所を任せたい」と考えたらしい。仲一が学生時代を札幌で過ごした経験も、考慮されたようだった。人事異動の発表は三日後という。仲一はまだ大阪営業所で仕事を続けたかったが、喜んで内示を承諾した。挑戦することへの気持ちが大きかった。

通常、人事異動は発表から二週間以内に赴任しなくてはならない。瑠美子とは付き合いだしたばかりだ。「瑠美子との関係をどうしよう」二人は手をつなぎ、キスをしただけで深い関係にはなっていない。今なら瑠美子は傷つかずに、別れられるだろう。

しかし、「今後、これほど穏やかで優しい性格の女性に出会えるだろうか？」「これほど明るく、ユーモアのある女性に巡り会えるだろうか？」と自分に問いかけた。そして何よりも仲一は、瑠美子の前なら普段の自分を出すことができた。

よく考えた末に、プロポーズすることに決めた。「この人となら、きっと上手くいく」という直感を大切にした。瑠美子とは付き合ってまだ二か月、どんな返事をくれるか分からない。しかし、まず自分の気持ちを伝えよう。「結果より、自分の意思表示が大切だ」と思った。

内示があった次の日、二人は暗くなった中之島公園にいた。土佐堀川の川面に映る、いつも見慣れたビルの明りが違う景色に見える。もうすぐ、この大阪の夜景ともお別れなのだ。仲一は瑠美子の目を見つめ、「中川さん、昨日札幌へ転勤の内示があったんだ」瑠美子は突然の話に、目を大きく見開き小さく「えっ」と声を発した。

そのあと沈黙が続いた。すっかり涼しくなった秋風が、公園の木々の葉を通り抜けていく。静かに伸一は言った。

「今まで、サポートをしてくれてありがとう。今後は一生そばにいて、僕をサポートして欲しいんだ」

瑠美子はそれをプロポーズの言葉とすぐに分かり、

「こちらこそ、よろしくお願いします」と答え、嬉しそうな顔を伸一に向けた。

それからは忙しかった。伸一の両親は二人が付き合っていることを知っていたので、諸手を挙げて喜んでくれた。次は中川さんの両親に、結婚の許しを得なければならない。すぐに彼女の家を訪問することになった。両親に会うのは初めてだった。

応接間に通された伸一は、瑠美子の父・希代治に自分の仕事のことを、あれこれ話した。しかし、肝心の結婚の話にはなかなか進まない。三十分ほど経っただろうか。二度目のお茶を持ってきた瑠美子が、静かに戸を閉めて父親の横に座った。瑠美子は、「さあ、話して！」と口には出さないが、そのような目を伸一に向けた。

伸一は意を決し、「お父さん、瑠美子さんと結婚させてください」と少し緊張した口調でお願いした。

希代治は少し時間を置いたあと、一つ咳をし「わかりました。瑠美子をよろしくお願いします」とゆっくり答えた。娘を嫁がせる寂しさと喜びが入り混じった、複雑な心境だったに違いない。

伸一は十一月初旬、札幌へ赴任した。千歳空港から札幌市に向かう高速バスの窓から見える大地の色が、大阪とは違い黒かった。栄養分をたくさん含んだ、北海道の土の色だった。落葉樹は幹と枝だけになり、強い北風が枝の芯まで冷やしている。伸一にとっては、大学時代を過ごした懐かしい札幌の地だった。

営業所は、大通西七丁目の公園南側に建つダイヤビルの三階に構えた。大通公園に面した大きな窓から、背の高い木々ときれいに整えられた芝生が見渡せた。新しく事務所を開設するにあたり、事務を担当する社員を採用する必要があった。早速、北海道新聞の朝刊に女性の営業事務職の募集を掲載した。

小さい掲載枠だったが、多くの応募があった。書類選考と面接を行い、短大を出て会社勤めを三年経験した女性に入社してもらうことにした。大人しそうだが、しっかり仕事をしてくれそうだった。本社総務の責任者から、二人だけの事務所になるので、採用した女性の親に挨拶をしておくように言われた。「自分では気づかない、丁寧な対応を指示してもらった」と伸一はありがたく思った。

日曜日の午後、採用した女性の家に伸一は挨拶に伺い、会社と仕事の概要を説明した。

彼女の両親も伸一の訪問に恐縮しながらも、安心したようだった。こうして札幌出張所がスタートした。雪が降りだす前、十一月末のことだ。

瑠美子と伸一は、翌年の十月八日に大阪の太閤園で結婚式を挙げた。仲人は本社営業部の野崎部長ご夫妻にお願いした。伸一は誕生日の翌日で二十六歳になったばかり、瑠美子は二十五歳だった。

本社から社長が出席してくれたこともあり、伸一は式の初めから最後まで緊張し、楽しむ余裕などなく結婚式を終えた。経験して初めて、「自分の結婚式は居心地が良くないものだ」と分かった。自分の実像以上に来賓の方が褒めてくれる言葉が、そう感じさせたのかもしれない。

伸一は瑠美子を連れて、早く札幌に飛んで帰りたかった。

瑠美子の父はその時、肺がんを患っていた。体調が思わしくない中、娘の結婚式で懸命に父親としての役目を果たしてくれた。

札幌での新婚生活

瑠美子の父・希代治は、娘の結婚式を心から楽しみにしていた。それは結婚式の日取りが決まった頃、希代治の肺にがんが見つかっていたからだ。

伸一は結婚の承諾をもらいに行った時、希代治が乾いた咳をしていたことを思い出した。義父は若い頃にタバコを吸っていたが、ずっと前に止めていた。結婚式当日の義父は、眼を細めて瑠美子を愛おしそうに見つめていた。初めてのわが子の結婚式、しかも娘だ。そして結婚すれば、札幌に行ってしまう。娘の幸せを願う父の気持ちの強さは、隣に座る瑠美子の母・信子にも痛いほど分かった。しかし、まだ若い瑠美子は、父親の細めた目の奥にある深い愛情を、同じ深さで感じきれないまま札幌へ旅立った。

二人の新婚生活は札幌で始まった。伸一が独身の時から住んでいたマンションに、そのまま瑠美子を迎え入れた。会社が借り上げた住宅で、札幌で最初に建ったと言われる古いが歴史あるマンションだった。場所は南九条西二十二丁目にあり、旭山記念公園の麓に位置する。道路を隔ててスーパーマーケットの西友がある、便利な場所だった。マンションの西側はそう高くない山並が続いて、その南に藻岩山が眺められた。札幌では当たり前の緑豊かな風景が、瑠美子にとっては新鮮だった。

「大阪と違って緑が多いわ」マンションに着いた時、瑠美子は伸一に嬉しそうに告げた。

マンションの部屋は独身用だったので、間取りは１ＬＤＫと広くない。四畳半の和室と十二畳ほどの洋室のリビング兼ダイニングルームが新婚の二人の新居となった。しかし、二人にとっては十分の広さだった。室内はスチーム暖房が完備されており、リビングルームの床には厚い紺色のカーペットが敷かれていた。部屋では真冬でも薄手の服装で過ごせ、冬の大阪の家の中より暖かい。

また、会社への通勤時間は二十分と短い。マンション前のバス停から、乗り換えなしで事務所近くまで行くことができた。街の中心からも近く、飲んですすきのからタクシーで帰っても、千円で足りる距離だった。

札幌は若い二人が新婚生活を送るのに相応しい街だった。人口は当時すでに百三十万人を超す大都市だったが、公園や緑が多く、山も近くに迫っており、自然の清涼さが街の風景に溶け込んでいた。初めて住む瑠美子には、大都市の機能も備えた札幌の生活は快適に思えた。

瑠美子が札幌に移ってすぐ、冬がやって来た。一九七八年十二月の初旬に、北海道厚生年金会館でジャニス・イアンのコンサートがあった。

伸一は音楽にあまり興味がなかったが、瑠美子が行きたいとチケットを予約してくれた。仕事を終え、コンサート会場で瑠美子と待ち合わせる。座席は舞台から遠く離れていたが、瑠美子は双眼鏡を用意していた。開演し、ジャニス・イアンの声がホールに響き渡る。優しい声だ。伸一は少しすると、うとうとし出した。連日の歳暮商戦で続いた残業の疲れが溜まっていたのだ。

気持ちよく寝入っていると、伸一の左わき腹に何かが当たる。目を開けると、瑠美子が右ひじで伸一をつついていた。「ごめん、ごめん。あまりに眠くて」と小さな声で返事をする。しかしひじ突きはこの後、何度か続いた。コンサートが終わり会場をあとにする時、「伸ちゃん、ぐっすりと眠っていたね。いい子守歌だったでしょ」苦笑するように瑠美子は言った。

新婚旅行は年末から正月休みを利用して、ロンドンとパリを旅することになっていた。社員が二名しかいない札幌出張所で、結婚式後の十月中旬に一週間近く休むことを伸一ははばかった。一年で一番忙しい歳暮商戦を前に、長く休むことはできない。ようやく歳暮商戦が終わった年末、待望の新婚旅行に二人は出発した。しかし一九七八年の暮れは、例年にない異常な寒波が欧州に襲来していた。

瑠美子たちを乗せたアンカレッジ経由、ロンドン・ヒースロー空港行きの飛行機は、猛吹雪の影響でヒースロー空港まで飛ばなくなった。急遽、アンカレッジに一泊することになる。ネオンの明りが少なく薄暗いアンカレッジの町を、二人は極寒に耐えながら歩いた。

札幌に住む二人には、アンカレッジの町が想像以上に小さく感じられた。メイン通りと言われる場所も、寂しい印象を持った。

寒さに震えながら、乗客の女性の一人が話していた有名な毛皮の店を訪ねた。そこは航空会社の客室乗務員も、よく買いに来ることで有名とのことだった。店構えは目立たない普通の店だが、店内には毛皮のコートが所狭しと吊り下げられている。効果的なディスプレイというよりは、倉庫をかねたような陳列だった。

「セーブルにチンチラ、リンクス。高級なものばかりね」瑠美子は言った。伸一は値段を見て驚いた。

「毛皮のコートってこんなにするの？」

「そうよ、高級毛皮は高いのよ」と瑠美子が応える。伸一が知っている高級毛皮の種類と言えば、ミンクくらいだ。二人は店内を見て歩いたが、自分たちに買える価格ではなく、早々に店を離れた。航空会社が手配してくれた、高級ではないが小奇麗なホテルに二人は戻った。ホテルのレストランバーに行き、軽い食事をとる。ステージでは生の演奏が鳴り響いていた。新婚旅行の一晩目は、予想もしないアンカレッジでの宿泊となった。

翌朝は航空便の都合で、とりあえず米国・クリーブランドまで飛んだ。しかし、そこからの乗り継ぎ便がなく、やむなくクリーブランドで正月を迎えることになった。宿泊先は大きなチェーンのホテルだ。ホテルでは、新年を祝う大晦日のパーティーが開かれていた。

夜九時過ぎ頃、パーティーの騒ぎが大きくなり、警官が駆け付けるなどパトカーのサイレンが深夜まで鳴り響いた。二人は部屋から出ず、木製のドアの前に家具を移動させ、廊下側からドアが開けられないようにして、ようやく眠りにつくことができた。それほどホテルでの騒ぎはひどく、不穏だった。

寝不足のまま元旦の朝、ワシントン経由でニューヨークまで飛ぶことになった。途中、ワシントンでフライト待ちの三時間を利用して、リンカーンメモリアルや国会議事堂、ホワイトハウスなどをタクシーで巡ることにした。雪が積もるモノトーンの彩りの中、歴史ある建物やテレビで見たことのある建物を、車を降りては写真を撮る。駆け足の観光だったが、ホワイトハウスが印象に残った。二人はようやく、ニューヨークのジョン・F・ケネディ空港に着く。伸一は空港の人の多さに驚いた。

「さすがニューヨークの空港だね」二人は少しだけニューヨークの空気を吸い、ついにロンドンへ飛び立つことができた。

ロンドンでの宿泊先はリージェンツ・パーク近くのホテルだった。大きくはないが、それなりに格式があり、落ち着いた雰囲気だ。ホテルの設備に不満はなかったが、楽しみにしていた朝食の紅茶がティーバッグだったことは、伸一を少しがっかりさせた。本場英国で飲む紅茶を期待していたが、ホテルの朝食は利便性が優先されるようだ。

マダム・タッソーの蝋人形館も近くにあったが興味はなく、二人でピカデリーにあるフォートナム・アンド・メイソンの店へ出かけた。英国王室御用達の高級食料品店と聞いていたが、雑貨や食器なども売られていた。入り口近くの一番良い場所には、紅茶や高級瓶缶詰が陳列され、その種類は多かった。クリスマスの装飾もまだ残っており、その飾りつけに感心させられた。

「日本でのクリスマスの飾りつけと訳が違うな」

クリスマスが宗教行事ということもあるのだろう、スケールが違っていた。この店で二人は紅茶を飲んだ。伸一はダージリンを頼むと、ここではリーフティーで淹れたポットが出てきた。ダージリン紅茶特有の香りを楽しみ、のど越しで紅茶の成分である淡いタンニンを味わった。

ロンドンで一泊し、翌日はパリへ飛び立つ予定になっていたが、良くないことは続く。ブリティッシュ・エアウェイズの従業員のストで、瑠美子たちの乗る飛行機はパリへ飛ばなくなったのだ。仕方なくロンドンのホテルに連泊することになり、新婚旅行の日程は終わることになった。それでも伸一は、自分の会社が扱う紅茶の基幹店を訪問することができた。また、ロンドン市内のスーパーや百貨店をじっくり見る機会を得た。かわいそうなのは瑠美子だ。期待したロンドン・パリの新婚旅行は、米国の空港巡りになってしまった。

伸一は瑠美子に「この新婚旅行の代わりに、必ずまた海外旅行に連れていくからね」と約束した。

一月の日曜日、目覚めてマンションの窓から外を眺めると、青い空が南に広がっている。すぐそこに、白い雪に覆われた藻岩山が眩しく輝いていた。

「瑠美子、今朝は天気がいいからスキーに行こう」

こういった急な誘いも、瑠美子は断ったことがない。いつも相手の気持ちに合わせられる柔軟さと、優しさを持ち備えていた。彼女自身も新しいことに挑戦することには、興味を持っているのだろう。二人は部屋でスキーウエアに着替え、マンション前にタクシーを呼んだ。スキー板をタクシーの屋根に積み、藻岩山のロープウェイ乗り口まで向かう。

藻岩山は初心者から中級者まで楽しめるスキー場だ。札幌市内にありながら林間コースもあり、中級者も十分に楽しめる市民のスキー場だった。瑠美子もスキーは得意な方だ。その日は良く晴れ渡り、二人は昼過ぎまで気持ちよく滑りを楽しんだ。藻岩山の頂上付近から、二人が住むマンションが北の方角に小さく望めた。

二月に入り、さっぽろ雪まつりに瑠美子と出かける。

オーバーコートの下に何枚も重ね着して、大通公園に出向いた。大きな雪像や一般市民が造った小さな雪像があり、多くの観光客が楽しんでいる。二人は冷えて乾いた雪を「キュッキュッ」と踏みしめながら歩いた。さっぽろ雪まつりの時期は日本中から多くの観光客がやって来て、ホテルがなかなか取れない。札幌の住人であることのありがたさを、この時二人は感じた。

　雪像を眺めた後、伸一が知っている居酒屋「たかさごや」に出向いた。店はほぼ満席だった。狸小路の一本南側の通りに面した場所にあり、なじみ客の多い店だった。伸一は大学の教養部にいた一年から二年時、水泳部に所属していた。その水泳部の部員が、アルバイト先として代々世話になっていた店だ。

　コの字型のカウンターがあり、中に魚を焼く炉が置かれている。昔から炭火焼きで、焼き場はかなりの経験を積まないと任されない。昔は店主が焼き場を担っていたが、年を重ねて店に出なくなった。名物女将が店を取り仕切っていたが、その女将に気にいられないと、アルバイトは焼き場を任せてもらえなかった。

　北海道の郷土料理が中心で、刺身、酢の物、焼き物など魚介類の料理が多い。飲み代は学生にとっては少し高いが、いつもサラリーマンで賑わっていた。瑠美子はあまり飲めないが、冷え切った身体を温めるため熱燗を少し飲んだ。みるみる頬が赤く染まっていく。

少し酔った伸一は、瑠美子に学生時代の話をした。

「恵迪寮《けいてきりょう》に住んでいた時、真冬に窓から飛び降りるジャンプ大会があったんだ。僕は水泳パンツ一枚で飛んだよ。前年優勝者の陸上部の人と競って、飛距離部門で優勝したんだ」伸一が少し自慢気に言うと、「そうなの、すごい寮だったんだね」初めて聞く瑠美子は、自分が過ごした大学との環境の違いに驚いていた。

酒を飲みながら、伸一は遠い昔を思い出していた。大学ではクラブ活動に熱中し、学業では語るに足る成果はなかった。しかし、伸一が入寮していた「恵迪寮」のジャンプ大会で優勝したことは、学生時代の思い出として心に残っていた。その頃の恵迪寮は、教養部校舎のすぐ横にある原生林の中にあった。当時の寮費は三食付きで月額七千円ほどと格段に安かった。

歴史を感じさせる木造二階建てで、南寮、中寮、北寮、新寮と四つの棟があり、大学一、二年生の三百名余りの寮生が暮らしていた。その寮で積雪の多い二月に開かれる恒例のジャンプ大会は、食堂真上の二階窓から雪山の上に飛び降りるというものだった。二階とは言え、高さは普通のビルの三階から飛び降りるのと同じほどの高さで、着地する場所には雪がうず高く積まれ、ショックを和らげるようになっている。

伸一は水泳部の部屋、S上（南寮の二階隅の部屋）の住人として、小さな水着一つで参加した。この大会は真に飛距離を競う部門と、仮装や飛び方を競う部門があった。伸一は飛距離を競う部門に出場した。窓は上下にスライドする形で、身を乗り出し後ろ手に窓枠を持つ。窓の外に立つだけで恐怖感が湧く。「エイッ」と勇気を出して思いっきり前に飛んだ。ゆっくり、身体が下の雪山へ落ちていく。「ズボッ」裸の身体の胸あたりまで雪山に突き刺さる。寒いというより痛い感覚だ。

伸一の一回目の飛距離は5ｍ55㎝で、首位に立った。二位は前年一九七一年の優勝者である陸上部の二年生で、飛距離は５ｍ52㎝だった。骨太で筋肉がその周りをがっちり固める、逞しい身体つきの寮の先輩だった。二回目の飛技が始まった。二位の先輩は５ｍ54㎝と、一回目より距離を伸ばしてきた。

「この勝負、負けられん」伸一は挑戦者の気持ちで思いっきり窓枠を蹴った。身体は一瞬宙に舞い、そのあと重力に引かれ急速に雪山に落ちていった。結果は５ｍ58㎝、裸の身体に雪がまとわりついた。これで伸一は、一九七二年恵迪寮のジャンプ大会の優勝者となった。このことが学生時代の印象深い思い出になっている。

このジャンプ大会はその後、テレビでも紹介され、他大学の女子学生が見学に来るほど有名になった。しかし、当時は寮生だけの長い冬の楽しみの一つだった。伸一がもらった優勝賞品は、サッポロビール大びん三本分が入る「サッポロジャイアンツ」だった。そんなエピソードを瑠美子に話したことはなかったが、この「たかさごや」に来て、青春時代の思い出が鮮やかに蘇ってきたのだ。

北海道の夏は爽やかだ。期間は短いが、暑くなく湿気が少ない。夜も早く明け、朝の四時前に森のカッコウが鳴きだす。大自然がすぐそばにあり、緑に囲まれて暮らす喜びをストレートに感じさせてくれる。伸一は夏に休みを取り、レンタカーを借りて札幌から層雲峡、網走、知床半島、摩周湖、阿寒湖、然別湖、帯広、襟裳岬を回る旅に出た。三泊四日の強行軍だったが、瑠美子は初めて出あう北海道の自然の雄大さに心を打たれたようだった。

特に知床半島を船で巡った時に見た、崖から海に、直接流れ落ちる滝は圧巻だった。

「クマはいるの？」知床半島を指さし瑠美子は尋ねた。

「うん、知床半島はヒグマの天国なんだ。北海道にいるヒグマの三分の一はここにいるらしい」

「へぇー、そうなの」瑠美子は驚いた顔を、揺れる船から半島に向けた。

その年の十二月初旬、雪の降る寒い夜半に電話が鳴った。瑠美子の父が危篤だという、母・信子からの知らせだった。父・希代治は瑠美子の結婚後すぐ、肺がんの手術を受けた。執刀医師が胸を開いたところ、他の臓器への転移がひどく、何も手を付けず胸は閉じられた。その後、抗がん剤治療を続けたが効果はなく、最後は痛み止めのモルヒネに頼る日々だった。

電話を切った瑠美子は、伸一の胸に顔をうずめ、声を殺しながら泣きじゃくった。初めて見る瑠美子の泣き顔だった。瑠美子は翌日、急いで大阪に向け飛び立ち、希代治が息を引き取る直前に自宅に着くことができた。

「間に合った！」

「お父さん、瑠美子よ。今戻って来たよ」そう言いながら、固く父の手を握った。瑠美子には結婚式の目を細めていた父の顔が、やせ細った父の顔に重なって見えた。

伸一も義父・希代治の葬儀に参列して見送り、瑠美子との生活も平静に戻りつつあった。大晦日の夜、夕食を終え二人で紅白歌合戦を見ていた。テレビからは日本レコード大賞を受賞したジュディ・オングの歌声が聞こえてきた。両手を挙げ、天女のような薄い衣装を着たジュディが歌っている。

「Wind is blowing from the Aegean　女は海～」

「ジュディ・オングは美しい上、歌も上手ね。天は二物を与える場合もあるんだ」と瑠美子が言った。

「瑠美子も優しくて美人だよ、君も二物を与えられたんじゃないの？」伸一が言うと、

「本当？」と答えつつ嬉しそうな顔を向けた。

父の死の悲しみを乗り越え、「二人で新生活を切り開いていく」という決意をその笑顔から伸一は感じた。

東京での新しい生活

瑠美子が札幌で雪まつりを二度経験したのちの三月初め、伸一に東京本社へ転勤を命じる人事異動があった。瑠美子は札幌に友人もでき、「さあ、札幌生活を楽しもう」という矢先だった。

「もう少し、札幌にいたかったわ」伸一に残念そうに言った。しかし、サラリーマンは転勤を避けて通れない。そのことを良く理解していた。伸一も同じ気持ちだったが、「実家に近づいたと思って喜ぼうよ」と慰めにならない言葉で元気づけた。

三月の中頃、一足先に東京へ行った伸一は住居探しを始めた。すでに会社の総務課の主任が、目途を立ててくれていた。紹介された物件は、常磐線の南柏にあるアパートだった。鉄筋コンクリート造りの小さな三階建てで、三階の部屋だった。一階には理髪店と大家が経営する自転車店が入っていた。部屋の広さは2DKで、札幌のマンションとほぼ同じ大きさだ。しかし子供がいない二人には、これぐらいの広さで十分だった。

瑠美子は札幌にいて、この南柏のアパートは見ていない。だが、伸一はこの物件に決めた。駅から徒歩六分と近く、商店街の中にある庶民的な雰囲気を気に入った。何よりJR常磐線と地下鉄千代田線が繋がっており、会社の最寄り駅である霞ケ関駅まで乗り換えずに行くことができた。会社の家賃補助もあり、負担する家賃も札幌時代と変わらない。伸一がまだ若く収入に余裕がないことを、総務課の主任も理解して選んでくれたのだろう。

瑠美子が南柏の新居に引っ越したのは四月初旬のことで朝晩はまだ寒く、暖房器具が必要だった。札幌の部屋はマンション全体にスチーム暖房が入っていたため、二人は暖房器具を持っていなかった。引っ越しが終わると、「瑠美ちゃん、明日の午後に、暖房器具を買いに行こう」伸一はそう告げた。その夜は布団の中で、お互いを温めあって眠った。

翌日、二人は隣の駅の柏にある家電量販店へ、石油ストーブを買いに行くことにした。大家の店で自転車を一台買っておいたので、それを押しながら二人で出かける。複数の店で製品を比べた後、ナショナル製品の石油ストーブを購入した。二人の故郷が大阪で、ブランドになじみがあった。その夜から使うため配達を頼まず、購入した石油ストーブを自転車の荷台に乗せ、三十五分の道のりを歩いて帰った。

太陽が西に沈みかける中、たわいのない話をしながら自宅に戻る。若い二人は、このようなことも苦に思わなかった。一歩ずつ生活を良くしていく充実感が、嬉しかった。薄暗くなった部屋で、灯油がたっぷり入った石油ストーブに火をつけると、灯油がしみ込んだ白い芯にゆっくり炎が燃え広がり、半円球の金網が赤く熱せられていく。「暖かいわ」と言う瑠美子の横顔が赤く照らされ、伸一にはまぶしく見えた。
「東京での新しい生活が始まる」
瑠美子を迎えて、伸一の胸に熱い想いが湧き上がってきた。
「この人を幸せにしなければならない」

本社での配属先は総務部人事課で、前川課長と女性社員三人の小さな課だった。前年に課長が、米国へ新規事業のビジネスの視察で訪れていた。その視察のビジネスを参考にして、米国では一般的だが日本ではこれから伸びるとされる、人材派遣業の会社を前年暮れに設立していた。人事課で新しい事業を起こしたため、人員を増やす必要があったのだ。

人事課は本来の会社の人事と、新しい事業の運営を同時に行っていた。転勤した伸一も、人事の仕事と人材派遣業の仕事を担当することになる。当時は人材派遣業の法律がまだ整備されていない時期で、「業務請負業」という形態で事業は育ち始めていた。

人材派遣業の一日の仕事は、ダイレクトメールの発送が主だった。データバンク企業が発刊している会社年鑑から、一定規模以上の企業を選びだし、会社のパンフレットをその企業へ送付する。伸一は会社年鑑から選んだ企業の宛名を封筒に書き、パンフレットを封入して切手を貼る。朝早くから終業時刻まで、一日で約三百通のダイレクトメールができ上がる。このような仕事が異動してから二か月ほど続いていた。

課内には、人材派遣業専用の電話機が一台設置されている。この電話が鳴るのは一日に一回あるかないかの状況だった。「リーン、リーン」電話が鳴ると、一呼吸おいて受話器を取る。一瞬、課員全員の視線が伸一に注がれる。しかし、企業からの問い合わせであることは少なく、人材派遣のオーダーはなかなか獲得できなかった。

人事課の女性社員が思い悩んだ末に、「私が企業に飛び込みで営業して来ましょうか」と前川課長に提案した。課長は「そうだな」と言ったきり返事がない。座った席からじっと窓の外を眺めている。伸一は提案した女性の勇気ある発言に感激し、「私が飛び込み営業をしてきます」そう言うと、課長は「なかなか上手くいかないぞ」と答えた。伸一は「やってみないと分かりません、やらせてください」伸一の熱意に折れ、了解してくれた。

伸一は今まで飛び込み営業をしたことがなく、自信はなかった。しかし行動してみないと、上手くいくかどうかは分からない。人材派遣のパンフレットを鞄に入れ、新宿の高層ビル群に向かった。まずはエレベーターで最上階まで上がる。最上階から階段を降りながら、会社を一軒一軒訪ねる作戦を取った。

「クオリィティ・スタッフと申します。業務請負の説明に伺いました。ご担当の総務・人事課の方はいらっしゃいますか?」受付に出てきた社員は、「はあ?」と意味が分からないような表情をする。

「平たく申しますと、人材派遣の会社です」

「派遣のセールスね」言葉に出さないが納得した社員は奥の部屋に戻り、上司らしい人に報告している。しばらくして戻ってくると、「あいにく、担当者は不在にしています」「そうですか、それでは会社の資料を置いていきますので、ご担当の方にお渡しください」十社に九社はこんなやり取りだった。

しかし、担当者が興味を持つ場合や暇にしている時は、会って話を聞いてくれる場合もある。このような調子で、一日に飛び込める会社の数は百社くらいだった。伸一が以前に受けた社員教育研修で、飛び込み営業のコツを教えてくれた講師がいた。

「飛び込み営業は、ほとんどが断られます」

「しかし、くじけちゃいけない。百回飛び込めば、数社は話を聞いてくれる」

「確率のゲームだと思い、やり続けることが大切です。そのうちに当たるところが出てきます」

伸一はこの言葉を思い出し、約一か月間やり続けた。そこで分かったことは、ダイレクトメールは千通を出して企業からの問い合わせは三件ほど。千三つとはよく言ったものだ。しかし飛び込み営業では、百社訪問すると三社ほどは話を聞いてくれるのだ。

こうした努力や時代の要請もあり、会社の業績は少しずつ伸びていった。だが、せっかく企業から業務の依頼をもらっても、働いてくれる適切なスタッフがなかなか見つからない。人材派遣の仕事は企業からの依頼と、その依頼にあった能力を持つスタッフを選びだすマッチングが難しい。そうした面はあったが、伸一はこの人材派遣の仕事を非常に面白く感じた。企業から業務の依頼を取る営業の要素と、スタッフを面接して能力に合う仕事を紹介するマッチングに、人事の妙味があるように思えた。

南柏へ引っ越してすぐ、二人はテニスの同好会に入った。流山市にある総合運動場に、テニスのハードコートとクレーコートがそれぞれ四面あった。コートは緑の木々に囲まれた広い公園の中にあり、静かで恵まれた環境だった。その頃はまだ「つくばエクスプレス」が開業していない時代のことだ。

近隣に住む人たちが同好の会を作り、毎日曜日の朝九時から昼十二時までハードコート二面を借りて、練習試合を楽しんでいた。サラリーマンや家庭の主婦たちが中心で、賑やかで楽しい仲間たちだった。三十代から四十代の人たちが中心で、爽やかな汗をかいたあとに、コート横でビールや軽食を楽しむ会でもあった。

瑠美子はこの時期にテニスの面白さに目覚め、練習を積んでいった。二人はテニスコートの横で、壁打ち練習にもよく汗を流した。壁打ち練習は単調だが、忍耐と持続力を二人につけてくれる。結婚当初の細身の瑠美子は、テニスの練習で体力をつけ、頑丈な身体になっていった。

瑠美子は優しい性格だが自立心があり、家計全般すべて管理してくれた。伸一は給料日に自分の小遣いを取り、残りを瑠美子に渡す。彼女は手渡された給料の中で、食事のバランスや献立を考え工夫してくれた。普段の生活は質素だが、テニスや旅行、健康を増強することに関しては金を惜しまない。生きた金の使い方を瑠美子はよく分かっていたので、伸一は全幅の信頼を置いていた。

伸一二十九歳、瑠美子二十八歳、札幌から転勤して二年後の秋に、二人は南柏の郊外に小さな家を建てることにした。南柏の不動産会社の店頭に、駅から2・5㎞ほど離れた宅地を売り出す掲示があった。本社勤務が長くなるだろうと踏んでいた伸一は、家を持つことを考えた。

「まだ若すぎるかもしれないが、家賃を今後長く払うことを考えると、自宅を建てるのも選択の一つだ」

早速、瑠美子を連れて掲示されていた土地を見に行った。その頃、二人は50ccのバイクに乗っており、その場所まで二台のバイクを走らせた。駅からバイクで十分余りの距離だったが、歩けば優に四十分はかかる。目当ての土地は幹線道路から入った所にあり、東側、南側、西側の三方に狭い道路があった。

「ここなら日当たりがいいわね」瑠美子は土地を見定め、購入に前向きな気持ちになっていた。瑠美子はいつも伸一の後をついていき、決して伸一に反対はしない。が、「よく考えてね」と控えめに諭すタイプの女性だった。

二人は狭いながらも希望する間取りを描き、初めての自宅を建てることになった。柏市の準工業地に位置する宅地なので、若い二人にも少し無理をすれば買える価格だった。自宅が完成したのち、瑠美子の自宅にあったピアノを送ってもらい、近くの子供たちにピアノを教え始めた。

瑠美子は、音楽学校でピアノを専門に勉強をした訳ではない。自身が中学生まで習った内容を教える基本的なレッスンを週一回行い、月謝は三千円と彼女の実力に見合った額だった。以後、慕ってくる近所の子供たちを優しく教え、充実した日々を送ることになる。

結婚して数年経っても、二人には子供が授からない。

「子供が欲しいわ」

ある日、瑠美子はぽつりとつぶやいた。期待しては叶わない月日が流れていた。

「一度、不妊治療の相談に行こうか」伸一は瑠美子に言った。自分は会社で忙しく働いているが、瑠美子は家で一人きり。打ち込むテニスがあっても、友人たちから子供を授かった話を聞くなどして寂しい思いをしていたのかもしれない。

「この病院が不妊治療では進んでいるみたいだよ」本で調べた情報を瑠美子に告げた。二人は信濃町にある大学の附属病院に、不妊治療の相談に行くことになった。病院の産科には少なくない夫婦が、同じような相談に来ていた。医師から治療の内容を聞き検査を受けたが、伸一側に少し問題が見つかった。その後、二人は一年余りこの病院へ通うことになる。しかし、良い結果は出なかった。

「瑠美ちゃん、子供は授かりものだから自然体で行こう」伸一は心で詫びながら、瑠美子に優しく話しかけた。

「そうね」少し残念そうに瑠美子は答えた。

大阪への異動の辞令が伸一に出たのは、新居に移り住んで六年目の春だった。人事課の主任になっていた伸一は、大阪営業所へ営業課の見習い課長として転勤することになった。

瑠美子は二人の生まれた場所への転勤を大いに喜んだが、ピアノを教えている子供たちと別れることは辛そうだった。

大阪での生活

大阪の転居先は瑠美子の実家に近い、旭区の関目高殿に決まった。

新居であるマンション四階の窓からは、高校のグラウンドが眺められる。札幌に住んでいたマンションも中学校に隣接していたが、見える風景がまったく違っていた。ここは札幌と違い、緑が圧倒的に少ない。アスファルトの道路とマンションやビル、住宅などが密集していて木々が少ないのだ。そもそも土の地面が見えない。大阪は二人にとって懐かしい故郷だが、何か無機質な空間のように思えた。

最寄りの駅は京阪線の森小路駅か、地下鉄の関目高殿駅になる。地下鉄を利用すると、安土町にある伸一の会社まで南森町駅乗り換えで三十五分だ。瑠美子の母が住む家へも、歩いて十分ほどと近かった。

瑠美子の実家は父の後を継いだ兄・敏郎が、ニットの製造卸の会社を営んでおり、実家の一角を事務所にして何人かの従業員を雇っていた。ニット服を販売する会社からデザインとパターン、色の指定を受け、決められた数量のニット服を作って納める仕事だ。

取引先からオーダーが入ると糸を仕入れ、ニット服を編む協力会社にその仕事を割り振り、協力会社は依頼されたデザインの服を完成させていく。当時、関西で有名なブランドを持つ会社からも注文が入っていた。デザインやパターンが複雑なため、中国から安い製品がまだ入って来なかった時代だった。瑠美子も事務や作業を手伝うようになり、母や兄と身近に接することができた。久しぶりの大阪暮らしにリラックスしたようで、その表情も和らぐ日々が続いた。

大阪に来てすぐ、瑠美子は学生時代に入っていたサークル「スポーツ愛好会　グルッペ」の仲間に連絡した。春井志津子と石塚美絵子、内野真知子、松井奈保美らと久しぶりに再会することになった。梅田で待ち合わせ、大阪駅近くにあるビルの高層階のレストランに入った。

この店は食事をした後、お茶も楽しめ、長くいても追い出されることはなかった。景色を遮る建物のない高層階の窓からは、南に広がる大阪の街並みを眺めることができる。遠くに通天閣も見え、大阪にいることが実感できた。いくら話しても尽きない積る話を、ドリンクバーでおかわりをしながらゆっくり楽しむ。

「瑠美ちゃんは、いつまでも体型が変わらない、うらやましいわ」美絵子が言った。

「そんなことないのよ、結婚前より10 kgも増えたのよ」

「えー、見えないよー」志津子が答えた。

「そうそう瑠美ちゃんが一回生の時、一限目の英語の単位を落としたことがあったでしょ」「グルッペの先輩が、一回生から女子が単位を落とすとは、中川は大物だなって言ってたよ」と志津子は続けた。

「そんなこともあったね。あの英語の講義は面白くなくって」瑠美子が言うと、「それに講義が一限目だったしね」美絵子が口を挟む。

「そうそう、瑠美ちゃんは朝、自宅から梅田のエスカレーターまでカーラーをくっつけて来たんだよ。急いでいたので取り忘れたんだよね」朝が弱い瑠美子のことを知っている奈保美は少しからかった。

瑠美子はその時のことを思い出したのか、照れながら言った。「そうなの、淀屋橋から梅田までの地下鉄の車内で、みんな私の方をちらちら見るの。今日の私、いけてる？　と思っていたのよ。恥ずかしいわ」

志津子が、「でもね、瑠美ちゃんは数学が得意なんだよね。大学受験の話をした時に、私に「数学は満点かもって」嬉しそうに言ったのを覚えてるよ」

「もうみんな、久しぶりに会ったんだから、いじめるのはやめてよ」瑠美子は学生時代の何をしても楽しかった頃を思い出し、懐かしそうな表情を浮かべた。

甲東園駅から急な坂道をキャンパスに向かって歩く。陽光の中、木々の緑が目に優しく、バスを使わず大学までの道を楽しんだ。高校から一緒の真知子が、瑠美子の隣を歩く。

「一昨日、瑠美ちゃんと一緒に食堂へ行く途中、クラブや同好会の新人勧誘を受けたでしょ」と彼女が言った。

「たくさん声を掛けられたね」瑠美子が答える。

するとと真知子が、「うん、たくさんね。でも昨日、私一人で同じところを歩いたけれど、勧誘するグループは多かったのにあまり声を掛けられなかった。複雑な気持ちだったわ」

「きっと、勉強一筋の学生に見られたんだよ」瑠美子が少し落ち込む真知子を慰めた。


「あの頃は、何がおかしいのかわからなかったけれど、たわいのない話にみんな笑い転げたね」

グルッペには部室がなかったので、講義が終わると食堂のいつもの場所に集まった。自販機でファンタのオレンジ瓶を買って、何時間もお喋りをした。グルッペの卓球グループの練習日は特に決まっていなかったから、いつもそこに集まった。

「軽井沢での合宿もあったね」合宿が終わってからの女子同士の旅行が楽しみだった。

「でも男子も付いてきて、ちょっと困ったわね」「そうそう！」

学生時代に苦労や喜びを共に過ごした仲間は、いくつになってもあの頃のまま。見栄や打算や駆け引きのない友達。今から考えれば些細なことで誤解もあった。でも次に会ったら、けろりと忘れて仲直りできた。「あの頃は本当に楽しかった」瑠美子は青春時代の仲間といるだけで、心が素直になり穏やかな気持ちになれた。

伸一と結婚して以来、札幌、東京への転勤で知らない土地へ引っ越し、やっと慣れたと思ったらまた転勤。子供がいないから身軽と言えば身軽だが、夫の転勤に自分の生活を合わせていく苦労もあっただろう。その頃のことを振り返ると、伸一は瑠美子の苦労をねぎらう感謝の言葉が足りなかったと感じる。心では思っていても口に出すことはなかった。もう少し家庭を顧みて、感謝の気持ちを彼女に伝えていれば良かった。

昭和のあの時代は、「二十四時間戦えますか」といった歌と共に、企業戦士という言葉が新聞やテレビのＣＭでよく使われた。残業した後、時刻も遅いのに三十分だけ会社の仲間と飲むこともしばしばだった。だが、家庭を顧みることが少なかったのは、伸一だけのことではない。「あの頃はみんなそうだった」そう伸一は、言い訳するかのようにつぶやいた。

伸一は大阪営業所に転勤して一年後、正式に営業課の課長となり、初めて部下を持つ立場になった。部下と飲む機会も多くなり、自宅に帰る時刻はいつも遅くなった。

「伸ちゃん、飲むのはいいけれど、週に一度は肝臓を休ませる日も作ってね」と瑠美子はいつも伸一の身体を気遣ってくれた。飲んで遅く帰り、食卓でうとうとしていると、よく肩をもんでくれた。筋肉質で硬い肩を時間をかけてもみほぐしてくれる。すまないという気持ちはあったが、いつも甘えてしまい、断ることはなかった。

低血圧で朝の弱い瑠美子だったが、毎朝、ご飯とみそ汁の食事を作ってくれた。パン食の日もあったが、伸一は飲んだ翌日のみそ汁が好きだった。食事が済んで会社に出かける伸一を、玄関口でいつも瑠美子は見送ってくれた。その見送りは、定年の日が来るまで続いた。

大阪でも二人はテニスを楽しんだ。市営のテニスコートは淀川の河川敷にある。利用料は驚くほど安い。利用するために瑠美子がかなり前から窓口に予約し、コートを確保してくれた。河川敷のコートは周りに高い建物がなく、遠くまで見渡すことができる。山頂にテレビ塔が建つ生駒の山並みも、大阪のどんより濁った空気の上に望めた。淀川の川面を抜ける風は、汗を流した肌を気持ちよく冷やしてくれる。

瑠美子のテニスは、サーブ、ストローク、ボレー、スマッシュの基本がしっかりできており、フォームが安定していた。この頃はバックハンドのストロークを両手打ちに変え、女性にしては球筋が伸びて重かった。瑠美子の両腕でタイミングを計ったバックハンドストロークは、クロスにくるかストレートにくるか見分けがつかなかった。彼女の得意とした技の一つだ。

自宅から遠くない場所に千林《せんばやし》商店街があった。ダイエー発祥の地で商売の激戦区だ。アーケードがかかった商店街は、昔の家並みの間を縫うように広がっている。土・日曜ともなると、どこにこんなに多くの人が住んでいるのかと思うほど賑わった。多くの店も生活の糧をここで稼ぐという覚悟があり、品揃えを工夫し競い合っていた。陳列されている衣料品の値段は安く、生鮮食品は鮮度が高かった。大阪庶民の厳しい目に揉まれ、認められた店だけが存続を許される場所だった。

商店街がT字路になった場所に焼きそばを売る店があり、二人はそこの味を気に入っていた。オーダーすると、分厚い大きな鉄板の上で豚肉を焼き始め、ざく切りのキャベツと炒める。キャベツがしんなりする前に麺を入れウスターソースをかける。鉄板からソースの水分で蒸気が立ちのぼり、香ばしいソースの香りが漂う。これででき上がりだ。その焼きたての熱々の焼きそばを持ち帰り、自宅で一緒に食べるのだ。

「瑠美ちゃん、ここの焼きそばは美味しいね！」

「うん、美味しい！」瑠美子は嬉しそうに答える。

こんな、ささやかなことにも二人は幸せを感じていた。瑠美子はそんな庶民的な感覚も持ち合わせた、気取らない気さくなところがあった。

伸一と瑠美子が生まれ育った大阪での生活は、長くは続かなかった。

会社の人事で言う、「ふるさと人事」は三年余りで終わった。一九九一年の九月、また東京本社へ転勤せよとの人事異動が出た。異動先は本社営業部販売二課で役職は課長だった。静岡、長野、新潟以北、青森までの広い範囲の量販店、百貨店を担当する課だった。

「思う存分、力を発揮しよう」サラリーマンにとって転勤は付きものだ。より大きな舞台で自分を磨きたい伸一にとって、重要なエリアを任された今回の人事は胸に期するものがあった。

しかし、かわいそうなのは瑠美子だった。結婚するまで生まれ育った大阪の地を、また離れなければならない。母親や兄からも離れてしまう。夫の転勤とはいえ、少しやるせない気持ちもあったに違いない。しかし彼女はそんな気持ちをおくびにも出さず、引っ越しに向けて生活の準備を整えていった。

第二章　ケン

ロサンゼルスへの赴任

一九九五年十一月初旬、テレビ番組でココアに含まれるポリフェノールが身体に良いことが取り上げられた。番組が終わった夕方から、伸一の会社が扱っているココア製品に注文が殺到した。

その日以降、グループ会社の大阪工場では製品の増産に次ぐ増産を続けたが、それでも注文に追い付かない。国内に在庫していたココアの原料も底をつき、急きょ航空便で輸入することになった。しかし、十二月に入っても供給が追い付かず、伸一は注文のあった取引先に対し、在庫を割り振る作業に追われていた。品不足によって、客先に迷惑をかけることを最小限にしたかった。

十二月末のある日、遅い昼食から席に戻ると、伸一の机の電話が鳴った。

「はい、高山です」と答えると、耳元に営業部の上司である遠藤部長の声が聞こえてきた。

「高山課長、都合が良ければ今から会議室に来てくれないか」伸一が席に着いたことを確認して、会議室に入り電話をかけてきたのだろう。部長は普段から伸一のすぐ後ろに座っており、コミュニケーションは良くとれていた。会議室から電話で呼びつけるのは、初めてのことだった。

「なんだろう？　改まった話なのか？」伸一には見当が付かなかった。

受話器を置くと、すぐに会議室へ向かった。会議室のドアをノックして部屋に入ると、広い会議室の片隅に部長は座っていた。

「部長、お待たせしました」伸一は軽く頭を下げた。

「すまないね、急に呼び出したりして」伸一はその言葉を聞きながら、部長の前の席に着いた。

伸一が座るのを待って、「君も知っていると思うが、当社はロサンゼルスにショッピンセンターを所有している。今度、高山君にそこのキーテナントである日系スーパーマーケットの責任者として、赴任してもらいたいと考えている」部長は前おきなく告げた。伸一にとっては突然の人事異動で、しかも考えもしない海外への異動とあって、一瞬戸惑った。

伸一の会社は、主に欧州からの輸入食品を百貨店や量販店に卸販売している。高級チョコレートや紅茶、コーヒー、ココアなど、ブランド名の通った商品を扱う食品の専門商社だった。当時、会社は投資先の一つとして、米国・ロサンゼルス郡のガーデナ市にある日系のショッピングセンターを所有していた。そのショッピングセンターのキーテナントが、日系食品スーパー「ミカド・スーパーマーケット」だった。

会社にとって、そのスーパーマーケットの業績を上げることが急務であった。キーテナントの業績が良くならないと、ショッピングセンター全体の資産価値は上がらない。投資した不動産の価値を上げる、最も基本的な戦術だった。

伸一は東京の営業課課長として、関東甲信越地域を管轄し、主に量販店市場に商品を拡販する仕事を任されていた。課員は営業事務も含め八名。伸一の年齢は四十三歳、現場重視の考えを持ちフットワークは軽い。また、挑戦することに二の足を踏まない性格だった。そういう仕事に対する姿勢を、会社の人事は考慮したのかもしれない。想像もしていなかった人事異動だったが、二つ返事で承諾した。常に挑戦することを信条としていた伸一に、躊躇する理由はなかった。

部長との短い打合せが終わり、席に戻る前に瑠美子に電話を掛けた。

「今度、ロサンゼルスへスーパーの責任者として赴任することになったよ」それを聞いた電話口の瑠美子は「えっ」と一瞬驚いた声を上げたが、「いいやん！」とすぐに肯定の言葉を返してきた。何度も転勤を経験してきて、免疫ができていたのだろうか？　はたまた、瑠美子が本来持っている好奇心が、未知への不安より勝《まさ》ったのかもしれない。

伸一は翌年の三月、一人でロサンゼルスへ赴任した。ロサンゼルスの空港に降り立つと空は青く晴れ渡り、まぶしい日差しが目に入ってきた。からっと乾いた空気が、伸一を心地よく包み込む。空港には会社の駐在社員二人が、迎えに来てくれていた。ショッピングセンター全体を管理するランドオーナー会社の梶川社長と、「ミカド・スーパーマーケット」米田支配人で、二人とは本社で面識があった。

ミカド・スーパーマーケットになる前の店は、一年ほど前に撤退を希望したため、ランドオーナーである伸一の会社が直接経営することになった。米田支配人はもともとショッピングモールを管理する立場にいたが、一年前からスーパーマーケットの経営に携わっていた。伸一は彼の後任となる。

米田支配人はトーランス市のスタージェスドライブにある、会社の所有する家に住んでいた。ガーデナ市のスーパーマーケットから、車で南に十五分の場所にある、典型的なアメリカの中流家庭の人々が住む地域だった。宅地の広さは約百坪で、家の前にフロントヤードと呼ばれる庭があり、芝生と草花がきれいに植えられている。家の後ろ側にも、三十坪ほどのバックヤードと呼ばれる庭があった。

両隣と後ろの家とは２ｍほどの高さの木製の板で仕切られ、視界が遮られている。庭には棕櫚の木、レモンの木が植えられていた。カリフォルニアの晴れた空から、燦々と陽光が降り注ぐ。フロントヤードとバックヤードの間には白く塗られた木製の戸があり、家の前側と後ろ側を分けていた。それぞれの庭（ヤード）には、月に二度、庭師が芝生を刈りに来てくれる。伸一はアメリカの中流家庭が住む雰囲気を気にいり、彼の住宅に移り住むことにした。

　伸一の名刺の肩書は「ミカド・スーパーマーケット副社長」だが、店長として店の経営を上手く軌道に乗せることが主な仕事だった。スーパーマーケットが入るショッピングセンターは、日本人の駐在員などが主に住むサウスベイエリアのトーランスやパロス・バーデスから少し距離があった。

　客は日本人が中心で、高齢化した日系二世や三世の客も少なくなかった。日本人駐在員の多くは、少し南の地区にある「ヤオハン」や「ニジヤ」に多く集まった。ショッピングセンターのすぐ近くには、会員制の日系スーパーマーケット「マルカイ」もあった。客層が伸一のスーパーと似通っており、厳しい競争を余儀なくされていた。伸一は毎週木曜日から始まるセールの、チラシ掲載商品に智恵を絞った。

　赴任して最初にしたことは、アンケート用紙を作成し顧客に配布することだった。お客から自社スーパーの魅力や強み、弱みを聞き、店を改善したかった。競合店との商品価格の比較や生鮮品の鮮度や品質、パーキングの便利さ、客の要望など計三十項目にわたる質問を設けた。質問に対する答えは、四つの評価から選んでもらう。年配のお客にも答えやすいよう工夫した。

　質問に答え、アンケート用紙を提出してくれたお客には、二ドル相当の商品をプレゼントすることにした。商品は卵一ダース、一ポンドのグラニュー糖、コーラの大容量ペットボトルの中から選べるようにした。五千枚のアンケート用紙を配り、千百四十枚の回答を得た。伸一はこの結果をもとに、自社スーパーの強みと弱みを分析する。改善点はたくさん見つかった。

すぐに改善できることは、時間を置かずに実行した。伸一が気になっていた賞味期限切れ商品の存在については、お客からの指摘こそなかったが手を付けた。日本から食品を輸入するには船便を利用するので、日数がかかる。米国で通関がおりて店に到着した時点で、賞味期限が短くなっている。実際に店の棚の商品には、賞味期限の切れた商品が並んでいることもあった。これは、ロサンゼルスにある日系スーパーの一般的な傾向だった。伸一は賞味期限切れの商品が棚にあればお客から教えてもらい、期限内の商品だけを販売するよう心掛けた。

チラシ印刷の会社や、チラシ広告を掲載する日系新聞社とは年間契約を結んだ。それまでは期間の契約を結んでいなく、価格も定価だった。しかし一年契約をすることにより、10％以上価格を値引きしてもらうことができた。チラシに掲載する商品の撮影も社内で行い、経費の削減に努めた。これら経費の削減は、スーパーにおいては仕入れ価格の削減と同じで「利は元にあり」を体現するものだった。

「取引先への一方的な値引きの押し付けは、長く続かない」伸一は国内の商売で学んでいた。「取引相手にも納得してもらう、ギブ・アンド・テイクが必要だ」この交渉のやり方は、ほとんどの取引先が応じてくれた。

米国の加工食品を購入する共同購入組織ＧＰＯに対しては、購入後すぐに現金で支払うキャッシュ・ディスカウントで購入金額を２％安くすることができた。セールのチラシも思い切った目玉商品を作り、来店客数が増えるよう工夫した。さらに伸一の元部下の菊田正明が、三か月間東京から応援に来て、店内の商品棚の整理をしてくれた。賞味期限の切れた商品や、期限が近い商品を棚から抜き出していった。

次に日系卸会社の営業担当者を集め、会社の考え方を説明した。

「今後、一方的な返品は一切しません。その代わり賞味期限に近い商品は、大幅に卸値を安くしていただきたい。期限内でスーパーが責任をもって売り切ります」

こう宣言し、仕入れ先に対してもギブ・アンド・テイクを実行した。

赴任二か月後、お客に向けて伸一の挨拶と決意を文章にして店頭に掲示する。いよいよ、お客様本位の商売を開始することになったのだ。伸一はレジ前のカウンターに朝九時から夕方五時まで立ち、お客の一人一人に来店のお礼と挨拶を交わした。この姿勢は伸一が日本に帰るまで続いた。当初は変わった経営者が日本から来たという噂がたったが、伸一が毎日、店頭に立ち挨拶を続けることで、客から声がかかるようになった。

これらの策がお客の支持を拡げていき、赴任三か月後から売り上げはアップし始めた。コンスタントに前年の10％ほど売り上げが増加し、仕入れ先との取引額も増えていった。

新鮮で値段が安い商品、清潔な店内とフレンドリーな接客が評判を呼んだのだ。その結果、初年度の決算は営業利益が前年の二倍にもなり、従業員には久しぶりの昇給と臨時ボーナスを出すことができた。

「これが商売の三方よしなのか」

伸一は、お客に喜んでもらう商売の面白さを身に染みて実感した。そして、店の売り上げは順調に伸びていった。

ケンとの出会い

伸一が日本を出て一か月が過ぎた頃、柏市の自宅からロスに荷物を送り、大阪の実家に一か月間帰っていた瑠美子が、ロサンゼルスへ向かうことになった。伸一がロスでの生活基盤を作ってから、瑠美子を迎えることにしたのだ。

成田からロスまで飛行時間は十時間ほどかかる。瑠美子は機内で目が冴え、あまり眠れなかった。機内食は珍しいので口にしたが、食欲が湧かず半分ほど残した。雑誌に目を通し、うとうとしている時に客室乗務員の機内アナウンスで目が覚めた。

そっと窓のブラインドを上げると、まぶしい光が飛び込んできた。真っ青な空の下を白い雲が流れていく。遠くに北米大陸の海岸線が見えだした。瑠美子は初めて見るアメリカ西海岸に、眼を凝らした。

「伸ちゃんがここにいる、早く会いたい」

今まで抑えていた感情が、身体の中から湧き上がってきた。

昼近く、定刻通りロサンゼルス国際空港に到着した。日本からの航空機はロサンゼルスＡ国際空港のトム・ブラッドレー国際線ターミナルに到着する。トム・ブラッドレーは、一九七〇年代から一九九〇年代にロサンゼルス市長を務めたＬＡ初の黒人市長で、国際線ターミナルはその名前を冠していた。空港ロビーに降り立つと、外国特有のフレグランスの香りがした。

「やっと来た」瑠美子は今から始まるロサンゼルスでの新しい生活に、高まる気持ちを抑えることができなかった。

ターミナル出口は出迎え客で列をなしている。その列の前、緩やかな上り坂通路を歩いていく。伸一がいないか目で探していると、「瑠美ちゃんー」と呼ぶ声が聞こえた。その方向に目を向けると、伸一が嬉しそうに手を振っていた。

初めての海外生活に瑠美子は不安もあったが、せっかくの機会だから楽しもうと思う気持ちも強かった。ロスに着いてから間もなくして、伸一と二人で近くのショッピングセンターへ出かけた。そこはクレンシャー大通と、斜めに走るロミータ大通の交わるところにあった。その中には、ボンズという大きなスーパーマーケットがキーテナントとして入っていた。

ショッピングセンターには、他にも様々な業種の店が軒を連ねている。ボンズに入ると、日本のスーパーとは比べものにならない、その大きさに瑠美子は驚いた。まず商品を陳列する棚が格段に高い。瓶・缶詰の種類の多さにも驚かされた。気になった総菜コーナーは、日本のスーパーの方が種類も多く魅力的だった。一方、冷凍食品コーナーには、パックされた一人前の食事が多種・大量に陳列されていた。

二人は時間つぶしのつもりで、駐車場の向かい側にある「ペットワールド」という店に入った。

そして、その子犬と出会った。

ショップの奥にある小さな檻には、パグとシェルティの子犬が二匹入れられていた。パグは近寄った我々を見つけ、嬉しそうに両足でガラスをさかんに掻いた。伸一は、そのパグの後ろにチョコンとおとなしく座る、シェルティの子犬と目が合った。黒い大きな瞳を持ち、真っすぐに我々を見つめていた。パグに比べ控えめで、内気のような感じがした。しかし伸一は、このシェルティの子犬に一目惚れした。

二人は以前から犬を飼いたかったが、柏の自宅の庭は狭く、願いが叶わなかった。犬を飼いたいと思う理由の一つに、アメリカ特有のセキュリティの面があった。万が一、留守時に不審者が住宅に侵入しようとした場合、犬が吠えれば不審者は住宅に入らない。また犬に危害が加えられたあとに、住人が家に入る場合もある。それゆえ、「外出をして自宅に帰った時、犬が飛んで迎えに来ない場合は、すぐに家の中に入らない方が良い」ロサンゼルスに長く住む人に、伸一はこう教えられたことがあった。

アメリカでは犬を購入する際に、ショップにいる獣医が健康診断をしてくれる。そのシェルティの子犬は「心臓の音が少し不規則です」と告げられた。売る側にとっては、リスクを開示していれば、のちに問題があっても「買った側の自己責任です」と言えるのだろう。しかしその診断告知は、一目ぼれした伸一の飼いたいと思う気持ちを変えることはなかった。瑠美子は少し悩んだが、伸一の勢いに押された。二人はその日のうちに、シェルティの子犬を家に連れて帰った。

犬の名を考えなくてはならない。二人は相談して「ケン」と名付けた。これだと雄犬らしく、「ケン」「ケンちゃん」「ケン坊」などと呼びやすい。ケンを飼ってからすぐに瑠美子は、子犬のしつけ教室に通った。近くにあるパラダイス・パークという公園で週に一度、午後に行われる。予約制ではなく、決められた時刻に公園に行くと参加できるというものだ。約三十分の講習で費用は五ドルと安い。この日も数名が参加していた。

初めに金属の鎖の首輪をつけ、犬と一緒に歩く。しつけの第一歩目の訓練だ。犬を飼い主の左側につけ、飼い主より先を歩かせない。先に行こうとすると、鎖の首輪がついたリーシュを引く。一瞬に鎖の輪が縮まり、首を絞めつける。犬は驚き、すぐに動きを止める。リーシュの引っ張りを緩めると、鎖の重さで首の輪は緩む。かわいそうだが最初これを教えておくと、しつけが速く身につく。

伸一もこのスクールに付き合ったが、飼い主たちは真剣にコーチの言うことを聞き、しつけの訓練をしていた。このしつけ教室でローカルの人たちと一緒に訓練を受け、自分たちもロスの住人になったことを二人は実感した。

ケンの公園デビューも済ませ、自宅から歩いて二分近くのところにある公園、エントラデロ・パークで、伸一とケンは毎朝散歩するようになった。会社が休みの日の午後、先に散歩に出た瑠美子とケンを追って伸一も公園に出かけた。瑠美子たちは公園の奥を散歩している。遅れて着いた伸一が、ケンに向かって、「ケーン」と大きく呼びかけた。すると近くにいた十歳くらいの男の子が「ハッ」と振り返って伸一を見た。

その時は、なぜ男の子が振り返ったか分からなかったが、この話を職場の人に話すと、「ケン」という名はアメリカで男性の名に多いという。恐らくその男の子の名か、父親か兄弟の名であったのであろう。この時以降、外でケンを呼ぶ時は「ケニー」と愛称で呼ぶことにした。

自宅の勝手口のドアには、ドギードアという犬が室内と外を自由に出入りできる小さなドアが備え付けられていた。ドアは厚めの柔らかいビニールでできている。ケンは室内と外をそのドアを通して自由に出入りできた。

伸一が職場に行き、瑠美子がテニスの練習で外出する時は、ケンはこのドアを通じてバックヤードに出ていた。塀に囲まれた裏庭の上空に飛ぶ鳥を見つけては、甲高く「ウァン」と鳴く。独りでいる寂しさを、空を飛ぶ鳥に吠えて癒していたのかもしれない。

二人はどこに行く時も、ケンを連れていった。ショピングセンター、ビーチ、カフェ、旅行に行く時も、犬が泊まれるホテルを探して旅先を決めた。子供がいない二人にとって、ケンは子供だ。ケンも自分が犬だと思っていないようだった。

ケンはシェルティにしては体毛が短く体格が少し大きい。シェルティの特徴である垂れた耳にしようと試みたこともあった。耳の先端に噛み終わったガムを張り付けると、ガムの重さで耳の先端がかっこ良く少し垂れ下がる。この方法はシェルティを飼っている人から教えてもらった。しかし続けているうちに、ガムを張り付けている部分の耳肌が赤く荒れてきた。

「こりゃいかん、ケンがかわいそうだ」以来、ケンの耳は自然にピンと立ったままになった。

奇遇にもトーレンス市は、伸一が赴任前に暮らしていた柏市と姉妹都市の関係にあった。ロサンゼルス市の中心からフリーウェイに乗り、車で三十分くらい南に走ったところにある典型的な中流家庭の人々が住む閑静な住宅街だった。夕食に鍋物をした時など、庭のレモンの木になる実が新鮮な果汁を提供してくれる。ケンはレモンの木の横が好きだった。そこは日陰になり涼しく、風が通る場所で、板塀に囲まれた庭から、飽きもせずに青い空を眺め続けていた。

短い体毛にピンと伸びた耳、公園の中を疾走するケンを見て、「フォックス（狐）だ！」と近くにいた子供が叫んだことがある。ケンはスリムで野性味を増し、たくましく成長していった。ある時、伸一が油断して失敗したことがある。夜半に大雨が降った朝、誰もいないいつもの公園でリーシュを外し、ケンを走るままにしていたことがあった。その時、偶然警官が公園を巡視していた。リーシュを外して、公園で犬を放すことは法律違反だ。

警官は伸一に向って、すぐに来るよう大声で呼んだ。公園の中の窪みには大量の雨水が流れ込み、強い濁流となっていた。ケンはその勢いのある流れに向かって、何度も吠える。ケンには海の浜辺に寄せる波や、ホースから勢いよく出る水に向かって喜んで吠える癖があった。この時も勢いよく流れる濁流に向かって嬉しそうに吠えて、伸一のリーシュにつながせない。警官のもとへ伸一がケンを連れていったのは、声を掛けられてから数分が経ってからになってしまった。その警官は少し不機嫌そうな顔で、違反切符を切った。

数日後、その違反切符を持って近くの裁判所に罰金を支払いに行く。金額は百二十ドルだった。「高いなあ」伸一がそう思い調べてみると、公園などパブリックな場所で犬をリーシュから外した場合の罰金は、数十ドルであった。しかし伸一がケンを捕まえるのに時間がかかったため、不服従と思われたようで、別の罰金も課されていた。英語での会話に自信のない伸一は、この余分に課された罰金に抗議をする勇気は起こらなかった。裁判所で抗議するにも英語で行わなければならず、現場で主張しなかったことも自ら非を認めたものと判断される。

「英会話の力をつけなければ、米国で快適に過ごすことができない」と伸一は感じた。

瑠美子はケンの食事にドッグフードだけでなく、毎日一食は鶏肉のささみとキャベツをボイルしたものを食べさせていた。脂身の少ない良質なたんぱく質と、野菜を摂らせるためだ。また、週に一度は、伸一のスーパーで買った牛のスペアリブを与えた。ケンは上手に骨についている肉をはがして食べる、なかなか根気の良い犬だった。瑠美子に性格が似たのかもしれない。ケンは子供と同じだ。もし子供がいれば、瑠美子はこのように食事のバランスを考え子育てしただろう。そう伸一は思った。優しく愛情あふれる育て方だった。

たっぷりの愛情とバランスの取れた栄養、一日二回の公園散歩で、ケンはすくすく育っていった。一歳になりかけた頃、瑠美子がケンの睾丸の除去を伸一に提案した。友人から「雄犬は一歳までに睾丸を除去しないと、発情時期に雌犬を求め外に飛び出してしまうよ」と聞いたのだ。

「でもね、将来はケンの子供も欲しいな」と伸一は渋ったが、瑠美子の気持ちを変えることはできない。友人から紹介された獣医は日系の女医さんで、ドクター・オモトといった。午後二時にケンを預け、二時間後に迎えに行くことになった。

二人が迎えに行くと、ケンはエリマキトカゲのような円錐形のプラスチック製マフラーをしている。傷口を舐めないようにするための処置だった。瑠美子が助手席でケンを抱き、伸一はスピードを抑えて車を運転した。自宅に着きケンを座らせ、恐る恐る手術の部分を手でなぞった。その頃、ケンの体重は12kgになっており、立派な睾丸を持っていた。手をあるべき睾丸の部分に伸ばしたが、きれいさっぱりなくなっていた。睾丸を包んでいた皮だけが、縮みきらずに皺になり残っている。伸一は中身がないふんわり残った皮を触ったとたんに、涙があふれだしてきた。

「止めとけばよかった。ごめんよ、ケン！」

エリマキの付いたケンの身体を抱きかかえ忍び泣いた。手術をすれば活発な犬はおとなしくなると聞いていたが、ケンはその後も相変わらず元気なままだった。

瑠美子のロス生活

瑠美子と伸一は、ロサンゼルスの生活で楽しみにしていたことがある。それはテニスを存分にすることだった。

からっと乾いた空気と晴天が多いロスは、テニス天国だ。日本でも二人は自宅近くのテニスクラブに入り、土・日曜、晴れていれば朝九時から夕暮れまでテニスを楽しんだ。昼食は自宅からおにぎりを持参するか近くの飲食店で食べ、家に帰らず終日テニスを楽しむ週末だった。一日にダブルスの試合を、十ゲームほど楽しむことができた。

瑠美子はそのクラブの中でも上手な方で、クラブ内でチームを組み、あちこちのテニス大会に出ていた。伸一は夕暮れから始まる、クラブ仲間との飲み会を楽しみにしていた。

テニスクラブと言えば、会員制で敷居が高いように思われる。しかし、瑠美子たちのクラブは庶民的で、入会金は少額のうえ月額会費も一万円足らずだった。天気が悪くなければ月に八回、朝から夕方までプレーした。そのため伸一のテニスシューズは、三か月で底がすり減りダメになった。

ロスでは自宅から車で五分のところに、ウエストエンド・ラケット&ヘルスクラブがあった。テニスコートは二十面、トレーニングジム、スカッシュ、プール、ジャグジー、バーなど設備が充実している。しかも入会金は二人で五百ドル、月会費は一人百ドルだ。当時は一ドル百円程度だから、日本で入っていたテニスクラブと同程度の金額だった。

瑠美子はそのクラブとは別に、団体戦を楽しむテニスチームにも所属した。ランチョ・パロス・バーディス近くにある、ローリング・ヒルズ・エステイトのテニスクラブ、アニー・ハーレットのチームだ。日本人は少人数いたが、地元の人が中心のチームだった。瑠美子の英語の会話力は伸一と同程度だったので、いわゆる初級レベルだ。しかしテニスのルールは万国共通で、テニスの実力があれば日本人であっても、英語を上手く話せなくても、一目置かれる。

当時、地元ロサンゼルス周辺の女性リーグ戦「マリンリーグ」という、テニスの大会があった。一度だけ、伸一は瑠美子が出場したその大会の試合を見に行ったことがある。テニスコートの片側が斜面になった観覧場所に、ケンと座り応援した。相手チームは、背の高い白人の二人組だ。瑠美子のパートナーも、体格の良い中肉の白人だ。試合中のコートチェンジで水分を摂りながら、瑠美子とパートナーが何か話している。

「瑠美子もなかなか話せるじゃないか」伸一は少々驚いた。

試合はシーソーゲームだったが、相手チーム前衛のポーチに決められ試合は終わった。

残念ながら瑠美子チームの負けだ。

　試合の帰り道、瑠美子を車の助手席に乗せ、ケンは後ろの座席を倒した定番の席に乗った。ケンは瑠美子に近づきたくて前の座席に身を乗り出し、「ハァーハァー」と呼吸を荒くして鼻先を近づけてくる。

「もう少しのところだったね」伸一は言った。

「そうなの、相手チームの前衛が機敏だったわ」さっぱりした顔で瑠美子は答えた。

「でもすごいじゃないか！　コートチェンジの時に、作戦を話しあっていたじゃない」伸一が褒めると、「メアリーは早口で何を言っているのか、はっきり分からないの」けろりと彼女は答える。

「それで接戦に持ち込んだから、なおさらすごいよ」

　瑠美子はアニー・ハーレットのチームに六、七組いるダブルスの中で、上から三番目の実力を持っていた。

　テニスチームの仲間、ドリスのバースデーパーティーに瑠美子が招かれたことがあった。瑠美子の家から南に車で十五分ほどの、ランチョ・パロス・バーディスにある豪邸だ。玄関を入ると、奥に映画に出てくるような二階へ上がる階段がある。正面から左右に緩やかに階段が分かれて作られている。庭には大きなプールがあった。

「やっぱり、米国のお金持ちの家は映画の中だけじゃないのね」

瑠美子は見たことのない広い豪邸に圧倒されていた。ドリスのご主人は金融会社でトレーディングの仕事をしており、最近ヘッドハンティングされ会社を移ったばかりだと聞かされた。多額の支度金と一か月の入社前休暇をもらったそうだ。

自宅に帰った瑠美子は伸一に、今日のパーティーで訪れた豪邸の話をした。

「すごかったわよ、今日パーティーのあった家は」

いつになく饒舌になった彼女は、詳細を話してくれた。

「私たちのこの家は、本当に中流家庭の家なのよ」

確かに平屋の2LDK、広さで言えば、120㎡くらいの大きさだ。日本の一般的な住宅より少し大きい程度だろう。

「米国のお金持ちは、日本で考えるスケールをはるかに超えているわ。でも、根っからのお金持ちじゃないみたい」

瑠美子の話は面白く、伸一は「うん、うん」と相槌を打ちながら、話に聞き入った。

二人はご近所の人たちと親しい交流はなかったが、隣家の奥さんのロレインは、庭の塀越しに「Hi！　Ken」とケンによく話しかけてくれていた。金髪のロレインも、サムとサマンサという二匹のゴールデンレトリバーを飼っている。塀は高くて姿は見えないが、陽気なロレインの声を聴くとケンも大人しくなった。おそらく、二人が外出している時に、庭で鳥を見て吠えるケンに、いつも声を掛けてくれているのだろう。

住んでみて感じたことだが、一般的なアメリカ人は大らかでオープンマインドの人が多い。また東洋人の中でも、日本人に対する信頼度は高かった。戦前から戦後にかけて、アメリカに移り住んだ日本人が勤勉で、アメリカ人社会に日本人の信用を築いてくれたのだ。

「私たちが信頼されるのは、先人たちが一所懸命に働き、信用を築いてくれたおかげだ」

と伸一は思った。

テニス仲間もオープンマインドで、みんな仲良く見える。だが瑠美子の話では、そうでもないらしい。テニスの練習が終わり、先ほどまで親しげに話していた友人の一人がコートを去ると、他の仲間がその友人の悪口を言い出すこともあるらしい。

「しかし、そういうことは日本でもあることだよ」

伸一がそう言うと、瑠美子は肩をすくめて「自分にはできない」という顔をした。瑠美子という女性は正直で、素直に自分の感情を出す。言葉遣いに気を付け、自分が心で思う言葉しか発しない。決して、おべんちゃらやお世辞は言わない。また、他人の悪口を言うことも一切なかった。

伸一はそんな潔《いさぎよ》い性格が好きだった。

日本への帰国

ロサンゼルスへ赴任する時に、伸一は心に決めていたことがある。駐在期間は過去の例から考えると、三年から四年程度だ。その間に仕事の成果を出すには、スーパーマーケットの業績を上げる施策を早々に行う必要がある。最初に業績アップの方針を決め、それを一年間徹底して実行し続けるのだ。

「まず赴任の期間を三年間とし、この期間に仕事も私生活も悔いの残らないようにする」

そう心に決めた。

「瑠美子、赴任の期間は三年間と決めよう。計画を立て、三年後にいつ帰国命令が出ても悔いの残らない生活をしよう」

米国では、駐在員の配偶者は働くことができない。この間に友人を作り、ロスの生活をいかに充実させるかを、彼女自身が考えなければならない。瑠美子は入会したウエストエンドのテニスクラブで日本人の女性と知り合い、その仲間とテニスを楽しむようになっていた。

このつながりから、アニー・ハーレットのテニスチームに誘われることになった。アニー・

ハーレットのチームは、自宅から車で十五分ほど南へ行った小高い丘陵の中にある。緑に囲まれたテニスクラブに所属するチームだった。瑠美子は伸一の仕事が休みの日は、ウエストエンドのテニスクラブで二人一緒にテニスを楽しみ、残りの日はアニー・ハーレットのチームで練習に励んだ。週に四、五日はテニスをする毎日で、瑠美子の肌は見る見るうちに小麦色になった。

「日焼け止めクリームを塗って、腕にも遮光袖を付けているのに、こんなになっちゃった」

瑠美子の紫外線をカットする装備は、この他に帽子、首筋のマフラー、サングラスと万全だった。瑠美子はサングラスをかけると鼻筋も通り、西洋人のような美人顔になる。結婚してからも伸一は、彼女の健康的な美しさに惹かれていた。

瑠美子は伸一以上にロスの生活に慣れ、友人も増え充実した日々を送っていた。ロスに来て丸四年が経った春、本社から伸一へ帰任の連絡が来た。

「えっー、日本に帰るのー、もう少しいたいなあ」

瑠美子は伸一に文句を言うような、独り言を言った。

「もう少しいたいくらいが、丁度よいのかもしれないよ」

そうは言ったものの、伸一も内心はロスに未練があった。瑠美子とケンとの幸せな日々がもっと続いて欲しいと願っていたのだ。

ロスでの最後の旅行として企画したのが、ヨセミテ国立公園近くのマンモス・レイクスへの旅だった。車で六時間ほどの距離で、スキー場として有名な場所だ。長い旅行に行く時はいつも、ケンをケネルクラブ（犬の宿泊所）に預けていたが、今回はケンを連れて家族全員での旅行となる。

五月の中旬、トヨタのフォーランナーで朝早く自宅を出た。ケンは、マミーとダディーと一緒に車で出かけることに興奮していた。倒した後部座席から身を乗り出し、行き先をじっと見ている。ロサンゼルスを出てルート五号で北上し、途中でルート十四号に移り、パームデール、ランカスター、カンティールを通り過ぎて行く。郊外の広々した平野を通り過ぎると、街中の風景から山肌の乾いた岩むき出しの埃っぽい風景に変わっていく。ルート三九五号に入ると、後はこの道をまっすぐ北に向かえばマンモス・レイクスだ。

途中、トイレ休憩に街道筋の雑貨店に立ち寄った。ケンを車から連れだし、小用をさせる。店の周りは埃っぽい土で囲まれ、舗装されていない。まるで西部劇に出てきそうな一コマだ。その昔、この道を家族全員で幌馬車に乗り込み、見知らぬ土地へ不安と希望を胸に旅した人々がいたに違いない。

北に行くにつれ、山々が緑に覆われ始める。山あいの道を車はひたすら北上していく。ケンは疲れたのか後ろの席で、前足をそろえた上に顎をのせて眠っている。

「伸ちゃん、何か飲む？」

瑠美子は車で旅に出る時、いつもコーヒーとお茶、ジュースを用意している。「うん、コーヒーをもらおうか」彼女もこの旅行が、ロスでの最後の旅になると分かっている。少し開けた窓から見える緑の山々を、じっと眺めていた。

「伸ちゃん、あっという間のロス生活だったね。楽しかったわ」

「そうだね、ケンと出会ってから生活がガラッと変わったね」

今まで二人だけの生活で、自分たちのペースでゆったり過ごせた。しかしケンが加わってから、全ての生活がケン中心となった。きっと子育ての生活も、このようなものかもしれないと思った。

今回、マンモス・レイクスに行く途中に立ち寄りたい場所があった。それは雑誌で知った、川の中に湧く温泉だった。地図を頼りにやっとのことでたどり着く。何台かの車が川の近くに停まっている。駐車場はなく、車を停める場所は舗装もされていなかった。

伸一は車の中で水着に着替え、裸足のまま川に近寄った。瑠美子とケンは嬉しそうな顔で見物と決め込んでいる。川幅は4、5m、流れは水量もあって遅くはなく、水は少し濁っていて川底は見えない。川にはすでに先客がいた。白人の家族で、ご夫婦は恰幅が良く、娘らしき子供の女の子はぽっちゃりとしていて愛くるしい。

伸一は右手を川の水につけてみた。

「瑠美ちゃん、とても冷たいよ」

五月中旬とは言っても、高い山々には多くの雪が残っている。山から流れ出した水は五月の気温にさらされても、水量が多いため冷たさを保っていた。冷たい水を胸と顔にかけ身体を濡らし、恐る恐る川に入っていく。もちろん川は自然のままで土がむき出しだ。川の底のぬるぬるした感触が、子供の頃の川遊びの感触を呼び覚ます。腰まで浸かると、水の冷たさで身体の筋肉がこわばってくる。

「温泉はどこに湧いているんだ?」色も目印もない川の中を、人がいる方向に「えいやっ」と足裏で川底を蹴った。

「冷たいっ!」伸一は来る時期が早すぎたと思った。

泳ぎには自信がある、しかし流れは速い。３ｍほど流されながらも川の真ん中に来た。川は深く、足が川底に届かない。立ち泳ぎしながら流れに逆らい、川の真ん中にとどまると、足元から温かな湯が湧き上がっていた。川岸を見ると、ケンが心配げな顔をしている。瑠美子はおかしそうに笑っている。川中に二、三分いても、身体全体が温まらない。下半身が少し温かい程度だ。流れの速い川は上面が冷たく、足元からの温泉では水温が上がらない。

「こりゃ、いかん」と伸一は川岸に戻った。

少し温まっていた身体は、川岸に戻る間に冷たい水であっという間に冷やされてしまった。雑誌に書かれ期待していた川中の温泉は、珍しい思い出にはなったが、温泉に浸かった気はしなかった。濡れた髪が乾かぬうちに、車はマンモス・レイクスの街に入った。

ホテルは簡素な造りだが、部屋は薄い緑色に統一され、リラックスできる雰囲気だ。メゾネットタイプで寝室は二階にあった。ここはケンも一緒に泊まることができた。それを知ってか、ケンは嬉しそうに一階と二階の階段を何度も往復した。

翌日は、ヨセミテ国立公園に東側から入る。巨大な渓谷の山肌に、道路が削り築かれている。道路幅が狭いので、スピードを出さずに安全運転で進んだ。後ろから追い上げてくる車もなく快適なドライブだ。地図を頼りに瑠美子がナビゲートしてくれる。

「次の二股を左ね」

瑠美子の指示は的確だ。ほどなく木々が高くそびえる鬱蒼とした森に入り、ヨセミテ・ビレッジに到着した。駐車場に車を停め深い森の中を進んでいくと、前方で人々がざわついている。聞けば、クマが駐車場にとめた車の中の食料を狙って出没したとのことだ。瑠美子と顔を見合わせたが、伸一は不安な顔を見せられない。

「大丈夫、ケンがいるから」と言ったものの、大きなクマの前ではケンもひとたまりもないことは分かり切っていた。日本のツキノワグマと違い、北米のクマは巨大だ。足早に駐車場を通り抜け、日陰になった森の小道を歩んだ。

半月型の岩山ハーフドームの見える場所まで、森を抜け川に沿いながら歩いた。ケンは嬉しくてしょうがないようで、尾を振り続けている。前回来た時は夏だったが、今は五月半ばで半袖のポロシャツでは肌寒い。頭上から濃い緑色の木の葉を通して、柔らかな日差しが射し込む。光が当たった葉は、下から見ると薄緑に透けて見える。

その枝葉の間から、ぬけるような青い空が見え、中心に岩山ハーフドームがそびえ立っていた。ヨセミテ国立公園のランドマークだ。明るい日差しに照らされ、ドームは白くまぶしく輝いている。きっと夕暮れ時には赤く染まるのだろう。瑠美子はケンと伸一との旅行を、心底楽しんでいた。口には出さないが表情を見れば分かる。穏やかな顔に自然な笑みがこぼれている。心から楽しんでいる時の表情だ。

「ロサンゼルスに赴任して四年余り、ケンという家族もでき、瑠美子を幸せにすることができた」伸一は思った。彼女の幸せは、伸一に大きな喜びを感じさせた。

木々を抜ける爽やかな五月の風が、瑠美子の髪を静かに揺らした。

日本での生活始まる

ロサンゼルスから七月に帰国し、以前に住んでいた柏市の家に戻った。ロスに比べると、庭は猫の額ほどの狭さだ。ケンはその狭い庭を駆け回ることもできず、フェンスの内側から外を眺めるだけの日々が続いた。日本の夏は湿度も気温も高く、ケンにとってストレスのかかる生活が始まった。

朝の散歩はケンを車に乗せ、流山市の総合運動公園まで行く。五分ほどで着く距離だ。朝五時前の公園には誰もいない。ケンのリーシュを外してやると、広い公園の中を駆けるのがこれほど楽しいのかと思うほど走り回る。自宅の狭い庭では走ることができないので、思いっきり駆けたいのだ。

広い公園には、何本もの色鮮やかなトーテムポールが建っていた。ひと際大きな赤いトーテムポールに走って行くと、ケンは「ウァン」と甲高い声でなく。嬉しくてしょうがない声だ。それを何度も繰り返す。思う存分駆けまわった後、草の生い茂った場所で息を整える。一息つくと今度は草の上に寝ころび、背中を草の朝露にこすりつけていく。反転を繰り返すと、背中のふさふさした毛がびっしょり濡れ、ケンは細身になっていた。

「気持ちよさそうだな、ケン」

ケンの眼が、遠くの赤いトーテムポールを見つめていた。

柏市の隣、我孫子《あびこ》市に細長い沼・手賀沼《てがぬま》がある。利根川水系の沼で周囲は38㎞、東西に長く延びた沼だ。沼というには大きすぎるが、平均水深が90㎝と浅い。背の低い丘陵が沼を取り囲み、濃い緑の木々が丘を彩っている。東京近郊とは思えない風景がそこにはあった。沼の南側から一日中風が吹き、夏でも過ごしやすい場所だった。

この地はかつて武者小路実篤や白樺派の文人たちが住んでいたことで知られる。伸一は若い頃この地を訪れた時、「将来住むなら沼が見え、緑に囲まれた手賀沼近辺が良いな」と気に入っていた場所だった。

帰国して一か月ほど経った土曜日の朝、朝刊の折り込みチラシで、手賀沼近くの土地が売り出されていることを知った。その場所は沼が見えそうなほど近い。興味を持った伸一はケンを車に乗せ、早速現地を見に行った。売り出し中の土地は沼のすぐそばにあり、竹林が茂る丘の一部を切り開いて造成されている最中だった。

朝の六時前なので現場には誰もいない。ケンと一緒に、その造成中の土地に分け入ってみた。竹林を切り崩したばかりで、湿った黒い土がむき出しになっている。歩くのに注意が必要だ。ケンは器用にバランスを取り、伸一の前を足早に登っていく。造成されている土地は、前の道路から４ｍほど高くなっていた。造成地の東側は小高く、緑の木々が茂っている。山の斜面を削り、南西の方向に眺望が開けていた。そこからは朝日を浴びた手賀沼を臨むことができた。

「うん、ここは良い。手賀沼の花火もきっと見える」

一目で伸一は気に入った。米国では、人気のある住宅やマンションに「オンザリバー」や「オンザパーク」と呼ばれる物件がある。川や公園を遮る物なく眺められる物件は、人気が高かった。この物件はさしずめ、「オンザレイク」と言えた。

家に戻り瑠美子が起きるのを待って、今見てきた土地のことを報告した。瑠美子は「またか」という顔で話を聞いている。彼女は伸一のことを「この人は少々おっちょこちょいで、猪突猛進。私がブレーキをかけなければ、いけない人」こう思っていた。

土地の価格は思ったほど高くなく、今の自宅を売却しローンを組めば、何とか新築の家も建てられる算段だ。瑠美子が朝食を終えるのを待って、手賀沼近くの現場に連れていった。瑠美子は造成地に登り、沼の方を見ている。道路側からも土地全体をチェックし、最寄りの駅まで歩き時間を計った。

「いいかもしれない」瑠美子は珍しくその場で賛同した。

同意した理由は、緑が豊かで沼が見渡せること、駅までも歩いて十分とかからない近さ。そして何より、ケンと散歩をする公園がすぐそばにあることだった。

瑠美子の賛同を得た伸一は行動が速い。その日の昼には造成を手掛ける開発会社に行き、購入の仮契約を結んだ。次は、どこの住宅販売会社に家の建築を任せるか。翌週末に瑠美子と伸一はモデルハウスの建ち並ぶ住宅公園を巡った。内装や間取りは瑠美子の意見が優先された。

こうして新しい自宅の建設に向けて、すべてが動き出した。奈良に住む伸一の姉は、もう少し時間をかけて判断するべきだと忠告してくれた。しかし伸一は、手賀沼が見えるその土地をすっかり気に入っていた。瑠美子もケンとの散歩や、自分たちの住む環境を大切にしたいと考えていた。

ケンの散歩や住環境を優先的に考えたのは、子供がいない二人にとって当然のことだった。子供がいる家庭では、住宅を選ぶ時に子供の学校のことや、住む環境を第一に考える。もう一つ、伸一にとってありがたいことがあった。最寄りの我孫子駅が常磐線各駅停車の路線の始発駅になっており、地下鉄千代田線に乗り入れていた。

「これだと朝の出勤時は眠っていける」朝の早い伸一は、会社には八時前には着いている。その時間帯に我孫子駅から乗る乗客はまだ少なく、発車時刻の少し前に行けば余裕を持って座ることができた。ロスでは自宅から職場まで、車で十五分の通勤時間だった。日本での五十分ほど立ったまま乗る満員の通勤電車を、すこし辛く感じ始めていた。

翌年の二〇〇一年九月、新しい家が完成した。小さな家だったが、リビングルームや食卓から広い手賀沼が眺めることができた。その年の冬の晴れた日の夕方、庭に出た瑠美子が「伸ちゃん来て、富士山が見えるよ！」嬉しそうに大きな声で呼んだ。

「本当だ！　綺麗だね」庭の一番南側に立つと、沼の西のはるか向こうに富士山が見えた。茜色に染まった夕焼けの空に、大きな富士山の黒い影が浮かび上がっている。庭から富士山が見えることを考えてもいなかった二人は、子供のように喜んだ。二人の目の前にある遠くの富士山が、何か特別な存在のように思えた。

しかし、転居を一番喜んだのはケンだった。毎朝、伸一は四時半に起き、二階の寝室から一階に降りていく。ケンはリビングルームで寝かせていた。ドアを開けると、ケンが尾を激しく振り伸一を迎える。

「偉いなあケン、吠えずに待っていたね」

伸一が散歩用の服に着替えるのを待てないかのように、伸一の足にまとわりつく。首輪を玄関で着け、道に出る階段を二十段ほど素早く降りる。道路に出るとケンは尾をまっすぐピンと立てる。嬉しくてたまらないという仕草だ。電柱に溜まっていた尿をかけていく。公園は自宅から歩いて二分の距離だ。朝の五時前なので、公園はまだ暗く歩く人もいない。

手賀沼の畔に沿って、遊歩道が整備されている。ケンは遊歩道を、ぐいぐいリーシュを引っ張り進んでいく。二十分くらい歩くと、手賀沼大橋のたもとに着く。そこが折り返しの場所だ。今来た道を戻っていくと、途中からケンの尾が下がってくるのが見える。興奮も冷め家路についていることを察知し、もうすぐ散歩が終わることを分かっているのだ。

　家に帰るとケンを風呂場に入れ、湯を出して足を洗う。足の指の間と爪をきれいに洗い、土を取り除きタオルで拭く。一息ついてから、伸一は階段下から瑠美子に呼びかける。

「瑠美子、時間だよ」低血圧の彼女は、宵っ張りときているので朝が弱い。二度、三度呼んで、やっと瑠美子が降りてくる。パジャマの上にガウンを羽織っている。

「おはよう」と挨拶を交わし、手早く伸一の朝食を作り始める。瑠美子は朝どんなに眠くても、そこは手を抜かない。食事が終わり会社へ行く伸一を、瑠美子はケンと玄関口で見送る。ケンを胸元に抱き、ドアをすこし開け階段を下りていく伸一に手を振る。ロス時代からお決まりの朝の見送りだ。

　この姿は、いつも伸一を「さあ今日も一日、瑠美子とケンのために頑張るぞ」という気持ちにさせた。

手賀沼のケン

我孫子市に引っ越してから、ケンの散歩コースは手賀沼公園の沼沿いの遊歩道になった。伸一は毎朝四時半に起き、ケンと一緒に手賀沼沿いの遊歩道を手賀沼大橋のたもとまで歩く。遊歩道の片側は沼に面しており、低い土手の向こうに沼の水生植物が生い茂っている。もう片側は住宅地になっており、その間の6～8mほどが遊歩道になっていた。

遊歩道の両側には芝生が植えられているが、真ん中は幅2mほどの道になっており、その表面は柔らかい素材ででき、歩く時の衝撃を和らげるよう工夫されていた。遊歩道の両側には桜や松の木が植わっている。夜は照明が付き、午前五時前でも安心して散歩することができた。

「我孫子市は市民生活のことをよく考えてくれている」伸一は感心した。

手賀沼で一番美しいと思う景色を、ケンと伸一は時々見る事ができた。それは夜明けの三十分ほど前、まだ沼全体が薄暗い時だ。天空にはまだ星が瞬いている。冬の晴天の朝、風がなく沼の水面が上空と周りの景色を鏡のように映しだす時が良い。

手賀沼大橋たもとの遊歩道のトンネルを抜けたところに、景色が東に大きく開けて沼を見渡せる場所がある。水面の向こうに沼を囲む森が黒く見える。その森の少し上が夜明けを告げるように、オレンジ色に染まってくる。同じように黒い沼の水面も、そのオレンジ色の空を映し出していく。真っ黒な森の上面と、水面に映る森の下面が同じ幅のオレンジ色に輝きだす。太陽はまだ顔を見せず、空はまだ青黒い。伸一が息をのむ一瞬だ。

「美しい！」この景色を見ることができるのは、ほんの短いひと時だった。

ケンは無駄吠えをしない。朝早く散歩しても草や土のにおいをかぎながら、自分の縄張りの印をあちこちに付けるのに懸命だった。早朝に散歩しても隣近所や、遊歩道近くの住人に迷惑をかけることはなかった。

夕方は瑠美子がケンの散歩役だ。午後三時過ぎになると、リビングで家事をする瑠美子へさかんに視線を送ってくる。視線が合うと、尾を振り「ハア、ハア」と呼吸を速める。「マミー、もう散歩に連れて行って！」と要求している。彼女はアイロンを掛けながら、「まだよ！」とケンに一言告げる。ケンは仕方がないと諦め、日の当たる場所に移り横になる。前足をそろえ、その上に顎をのせながら彼女の動きを上目遣いに眺めている。

しかし、十分も経たないうちに起きだし、先ほどと同じ散歩の催促の仕草をする。「まだよ！」と再び言うと、おとなしく待っている。これを三、四度繰り返した後、彼女がアイロン台を片付け始めると、ケンはさっと立ち上がる。先ほどよりも、さらに強く尾を振り出す。「行こうか！」瑠美子が小さく言うと、「ウァン、ウァン」と喜びの高い声を上げる。犬にとっては散歩が一番嬉しいのだ。

瑠美子が「我孫子に引っ越してきて良かった」と実感する一時だ。

瑠美子の散歩コースは沼沿いを歩き、手賀沼大橋を通り過ぎ市民農園あたりまで足を延ばす。ケンは勝手知った道なので、ぐいぐいと先導していく。引き返されると、自宅へ戻るだけということを良く知っている。

親水公園の川の水が出る場所近くに、流れが急に速くなる場所があった。そこに白い泡が川面に現れている。ケンはここに来ると、いつもその川面の水をかむような仕草をする。そして「ウァン」と高い声を出す。明らかに喜んでいる声色だ。周りに迷惑にならないかを心配しながらも、彼女は可笑しくて、いつもここに連れてくる。ケンのストレス発散を考えてのことだった。

来た道を引き返し手賀沼公園に戻る頃は、犬友達が公園の中央付近に集まっている。

「ケンちゃんが来たよー」犬友達のママたちが歓迎してくれる。

ケンは小さい犬が近寄って来ても大人しくしている。しきりにケンの身体やお尻の匂いを嗅ぐが、嫌がらずさせたいようにしている。小さい犬たちは安心してケンとの挨拶を楽しむ。犬友のママたちは、ケンが米国生まれで、「お座り」や「待て」の言葉もバイリンガルで理解できることを知っていた。

シェルティ犬の特徴である鼻筋が伸びた顔で、目の周りがアイシャドウを入れたように黒い縁取りになっているため、目が一段と大きく見える。また身体も締まり、歩く姿勢も美しい。犬友のママたちの間では、性格が穏やかで綺麗な姿のケンを「イケメン・ケンちゃん」と親しみを込めて呼んでくれた。

瑠美子は犬友のママたちと話すことが、毎日の生活の中でも楽しみの一つだった。犬友のママたちと話し出すと長くなる。ケンは大人しく草の上に座っているが、ある一定の時間が過ぎると、遠慮気味に「マミー、もう帰ろうよ」と低く小さく「ウァン」と鳴く。「まだよ」と瑠美子が答えると、聞き分け良くじっと待っていた。

手賀沼公園の散歩は、ケンと瑠美子にとっては本当に幸せな時間だった。そして、この幸せな時間は長く続いた。

しかし、二〇一二年の秋口から、ケンは大好きだった散歩の足取りが重くなった。ケンが十六歳の頃だ。家の中でもまっすぐに歩けなくなり、目もほとんど見えないため家具や壁に鼻をあてるようになった。瑠美子はリビングの真ん中に、直径2・5ｍほどの円形の金網状のフェンスを張った。真っすぐ歩けないケンが、鼻をあてずに歩けるよう工夫したのだ。

その頃には、ケンの顔はすっかり白くなり、顔の表情がなくなった。美男子だった顔も生気がなく、げっそりと痩せてしまった。散歩となるとしっかり尾を立て、その喜びを目一杯に表していたことが嘘の様だった。それでも伸一は、ケンを散歩に連れていっていた。ある日の午後、久しぶりに会った犬友達のジロ君のお母さんが、「あらー、ケンちゃん？」とすっかり変わってしまったケンを見て驚きを隠さなかった。手賀沼のイケメンとして通っていたケンの面影は、そこにはなかった。

伸一は会社から帰ると、フェンスの中をゆっくりと円を描いて歩くケンを抱きあげ、いつものようにケンの顔に頬をすり寄せ言った。

「どんな状態になっても生きていて欲しいんだ」瑠美子に向かって言った。

翌二〇一三年になると、瑠美子は夜中の二時くらいまで起きてケンを見守っていた。伸一は夜九時には就寝して、午前三時から交代して見守るようになった。四月二日の夜十二時過ぎに瑠美子は風呂に入った。いつもと違って、その時は風呂場のドアを半開きにしていた。ケンに何かあればすぐに分かるようにと。

しかし、この頃のケンはひと声も発しない状態だった。湯船に浸かっていた瑠美子は、「ウァン」と小さくケンが鳴いたように感じた。あわてて湯船から出てみると、ケンはリビングルームのフェンスの中で横たわり、ゆっくりと大きな息をしていた。「いけない、伸ちゃんを起こさなきゃ」と階段を駆け上がり、ベッドで寝ている伸一を起こした。

「ケンちゃんが大きな息遣いをしている。起きて！」

伸一はパジャマの姿のまま、リビングルームに降りた。そこには瑠美子の腕に抱かれ、胸から上の身体を動かし、大きな息遣いをしているケンがいた。三日前から、ケンは自分で水が飲めなくなっていた。スポイトを使って舌の上に水を含ませ、水分を補給していた。伸一はそれを使い「末期の水」と考え与えた。

瑠美子の腕に抱かれ、三分間ほど大きな息遣いをしていたケンが急に穏やかになった。伸一はケンが危篤状態を脱出してくれたかと思い、ほっとして瑠美子の顔を見た。瑠美子は伸一の顔を見て、悲しそうな顔をした。

「ケンちゃんが逝ってしまった」

瑠美子は泣くのをこらえ、声を振り絞った。ケンは瑠美子の腕に抱かれ、伸一にも見守られながら安らかに旅立っていった。

遺骨はケンが穴を掘り、好んでうずくまっていた、庭の紫陽花の木の根元に埋めた。そこは風が通り抜け、沼を見渡せる涼しい木陰だった。その場所にアーチ状の白いレンガを置き、墓にした。食卓の東側の窓から、そのアーチ状のレンガをいつも臨むことができた。

伸一は朝起きると、窓からそのアーチに向かって、

「ケン、長生きしてくれて、ありがとう！」

「マミーとダディーは幸せだったよ」

と手を合わせることを日課とした。

犬の十七歳二か月は、人だと百歳近いと言われる。ケンは、病気らしい病気もせず、ロサンゼルスで購入時に言われた獣医の言葉「心臓音の不規則」は杞憂に終わった。ケンは十分長生きし、天寿を全うしてくれた。

二人の悲しみは大きかった。自分たちの子が先に逝ってしまったような心境だった。しかしケンは、二人に大きな喜びを与えてくれた。ロサンゼルスの生活をより楽しくしてくれたのは、ケンの存在があったからだ。そして我孫子の手賀沼公園の散歩は、二人にとって本当に幸せな時間だった。

第三章　発　病

レントゲン写真の影——二〇一三年六月

二〇一三年四月にケンが天国へ旅立ち、二人は公園の散歩をしなくなっていた。

悲しみも癒えない五月中旬、瑠美子は伸一の会社が行う配偶者対象の健康診断を受けた。一か月ほどして自宅に送られてきた診断結果の通知書には、「ＣＴによる肺の精密検査が必要」と書かれていた。伸一と相談して瑠美子は六月十二日、自宅に近い病院でＣＴ検査を受けることになった。

ＣＴ検査の画像を診た医師は、「よく、レントゲン写真で見つかりましたね。右胸の背中側に丸い白い影があります。腫瘍の可能性が高く、生検をした方が良いと思います」と伝えた。生検とは生体組織診断で病変部位の組織を採取し、顕微鏡で細胞を観察し、病気の診断を下す検査のことだ。

瑠美子はすぐにＣＴ検査の結果を、携帯電話で伸一へ知らせた。伸一が会社から帰る時刻まで、この問題を一人で抱えていることができなかった。連絡を受けた伸一は驚き、残業せずに真っすぐ家に帰り玄関のドアを開けると、いつもと違う表情の瑠美子が待っていた。彼女は自分の父を五十八歳の時に肺がんで亡くしている。

「自分も五十九歳、父と同じ年頃で肺がんになってしまったかもしれない」

やるせない思いが彼女の顔に現れていた。瑠美子の気持ちが痛いほど分かり、「すぐに生検を受けよう」と伸一は言った。

生検は患者数の多い、経験豊かな都内にある有名な大学附属病院に決めた。七月に入りCT検査を受けた我孫子の病院から画像を預かり、予約をせずにその病院を訪ねた。その病院でもCT検査を受ける。その画像を診た男性医師は、

「おそらく悪性腫瘍だと思われます。生検した方が良いでしょう」と言う。

二人は生検のための入院の日を、一番早い日程の八月下旬に予約した。検査入院は二泊だ。八月はお盆があり、急いでもその日程しか取れなかった。


検査入院の日、大学附属病院の病室に荷物を置き、二人は昼食に近くのレストランまで歩く。その日は猛暑日で、アスファルト道路の照り返しが暑さを倍増させていた。道路沿いに植えられたプラタナスの葉が木陰を作っていたが、熱風にその涼を奪われていた。心なしか瑠美子の表情は不安げで、いつもの明るさはない。一人で検査入院する彼女の心細さを、伸一は痛いほど分かった。できれば一緒に病室に泊まってやりたかった。

明治記念館にあるレストランは、大きな美しい緑の庭に面した、華やかな雰囲気の和食

の店だった。入院と関係なくこの店に食事に来ていたなら、どんなに楽しい気持ちになれたことだろう。複雑な二人の心境とは別世界の、美しい庭の緑が中庭に広がっていた。「今夜から病院食だから、好きなものを食べてね」伸一が言うと、瑠美子は少し迷った末に和食の御膳を選んだ。

食事を終え病室に戻ると、瑠美子はいつもの笑顔に戻っていた。きっと伸一を心配させないようにしているのだろう。これから始まる生検は、気管支鏡と呼ばれる内視鏡を鼻から挿入し、肺の奥のがんと疑われる部位の組織を採取する、呼吸が苦しくなる辛い検査らしい。瑠美子は検査の詳細を医師から聞いており、心の中では不安を募らせていた。

翌日、内視鏡での生検があるため伸一は病院へ赴き、病室で生検を終えて戻る瑠美子を待った。少し青ざめて戻ってきた瑠美子に伸一は尋ねた。

「大変だった？」

すかさず「もう大変だったのよ」「若い先生が画面を見ながら内視鏡を入れていくのだけれど、上手くいかないの」全身麻酔ではないため、医師たちの会話がすべて聞こえていた。

「年配の医師に尋ねながら内視鏡を送り込んでくるの」

「呼吸ができなく、苦しくて、苦しくて」

瑠美子は普段、このような文句や苦情を言わない。たいてい自分で我慢し、伸一には訴えない性格だった。それだけに、よほど苦しかったに違いない。

「よく頑張ったね、偉かったね」

伸一は慰めの言葉をかけた。それでも無事、生検を終えることができ、ほっとした気持ちだった。

九月六日、生検の結果を二人で聞きに行く。呼吸器内科の若い女性医師から、

「肺腺がんです。大きさは２㎝３㎜」と告げられた。

その事務的な告げ方に、女性医師の患者に対する思いやりのなさを感じた。

訪問患者が多い病院で、いちいち患者の気持ちに寄り添うことができないのは理解できる。しかし、患者としては流れ作業的に検査され、無表情に重篤な病気名を告げられることに慣れていない。もう少し、人としての気遣いが欲しいと思った。今後の外科手術の方針を医師から説明されたが、二人はどうするか良く考えることにした。

話し合った結果、当時話題になっていた「がんもどき理論」の医師が開設している研究所で、ＣＴ画像を見てもらうことにした。その医師の研究所は、都内中心地の住宅街に位置するマンションの一室にあった。予約をしていたので、時刻通り面談が始まる。持参したＣＴ画像を見てその医師は、

「本物のがんの確率は20％ですね」と言い、今後は「がんであることを忘れること」「検査をしないこと」の二点のアドバイスをしてくれた。

伸一は生検の細胞検査の結果を報告したが、がん化した細胞と正常な細胞を見分けるの

は、簡単ではないとも言われた。面談の時間は三十分で相談料は三万円だった。医師の説明は、本に書かれてある内容とあまり変わりはなかった。しかし、実際に本を書いた医師に直接CT画像を診てもらい、がんである確率を聞いて二人は安心した。

「このまま手術をしないでおこうか」という気持ちが二人に湧き上がる。

しかし伸一は、「人は自分たちの都合の良いように考えがちだ。採取した生検細胞をセカンドオピニオンしてもらおう」と考えた。

生検で採取された細胞のプレパラートを病院から預かり、都心から離れた別の大学附属病院にセカンドオピニオンを求めることにした。伸一が大学時代に所属したラグビー部の監督を務めた伊與田康雄先生が、その大学の教授を退官したばかりだった。そこで先生にお願いしてドクターを紹介してもらい、生検のセカンドオピニオンを依頼した。

数日後、結果を聞きに行くと、先の大学附属病院の診断結果と同じだった。呼吸器内科医からは、初期の肺腺がんなのですぐに手術で切除することを勧められた。二人は迷った。

「がんであることを忘れること、検査をしないこと」とアドバイスをした医師もいた。しかし、生検の細胞検査では、都内の病院とセカンドオピニオンをした大学附属病院の診断結果は、同じ「肺腺がん」だった。

都心から離れたその大学附属病院には、日本でもまだ数少ない陽子線治療ができる装置があった。患部をピンポイントで放射線治療することができ、患者への負担を小さくできるとのことだ。しかし保険治療の対象ではないため、費用は三百万円以上かかるが、それでも伸一は、瑠美子のためなら何でもしようと考えていた。

「二人で貯えた金を、こんな時に使わなくてどうする」

そんな思いで、その病院の陽子線治療センターを訪ねた。診察してくれた若い女性医師に、外科手術と陽子線治療のどちらが良いかを尋ねてみた。医師はいったん診療室の奥に戻り、五分ほどして年配の落ち着いた医師が出てきた。経験豊富そうな医師はＣＴ画像を見て、

「この腫瘍の大きさは肺腺がんの初期で、外科手術の方が五年生存確率は高いと思われます」

はっきりと、自分が担当する治療とは違う外科手術を勧めた。伸一はこの附属病院の医師たちの患者に対する誠実な接し方に、信頼感を抱いた。不安だらけの患者に対し、医師が患者の質問にきちんと答えてくれるのだ。

二人は話し合い、がん治療から遠ざかる「がんもどき理論」を選ばず、この病院で外科手術を受けることを最終的に決めた。

手術始まる——二〇一四年二月

二人は悩んだ末に、セカンドオピニオンをお願いした大学附属病院で外科手術を受けることにした。呼吸器外科の佐野医師の説明では、患者の負担が少ない腹腔鏡手術で肺腺がんの部位を取り除くことになる。手術の日は二〇一四年二月十日に決まった。二月七日から入院し、手術に備えることとなった。

二人は入院する七日の朝、車で病院に向かう。自宅から約一時間の距離だ。病室は新しく建てられた病棟の十階にあった。エレベーターから廊下まですべてが真新しく近代的だ。瑠美子の病室から大学の構内越しに、つくば市の街並が見えた。

翌日は会社を早く退き、秋葉原からつくばエクスプレスに乗り換え病院に向かう。担当する医師から、手術の事前説明を二人で受けることになっていた。三十代であろうか、若い医師だったが丁寧な説明で分かりやすかった。

瑠美子の病室の窓から、薄暮に灯りだした街の明かりが見える。暖房の効いた部屋で瑠美子は、病衣の上にカーディガンを羽織り、見た目にはリラックスした様子だった。

「明日は大雪になると予報が出ていたので、車で来るのはやめた方がいいよ」

「ウン、分かった。電車で昼頃には来るよ」

窓際に立った瑠美子は、帰りのバス停の場所を指差し教えてくれた。

翌日は瑠美子の指示通り電車を利用し、一時間余りで病室に着く。雪は朝から降りだし、病室のテレビは盛んに関東地方の大雪情報を流していた。午後三時過ぎから、雪の降り方が激しくなってきた。病室の窓からは、大粒の雪が空から地上に強く叩きつけられているのが見える。遠くのビルなどは一切見えない。降りしきる白い雪だけが視界に入る。

「電車が動かなくなる可能性があるから、今日はつくば市のホテルに泊まった方がいいよ」

瑠美子は心配し、大学病院近くのホテルに宿を取るようしきりに勧めた。しかし九十五歳の年老いた伸一の母が、一人マンションで待っている。配達された老人用の食事を、家の中に取り込めているかも心配だった。

「大丈夫だよ瑠美ちゃん、明日また来るからね」

彼女の気遣いを振り切り、病室をあとにした。

バスでつくばエクスプレスの駅に着く頃、雪の勢いはさらに激しさを増していた。幸いにも、風や雪に強いこの鉄道は動いていた。しかし、流山おおたかの森駅で東武線に乗り換える際、アナウンスが聞こえてきた。ＪＲ常磐線が動いていないらしい。「とりあえず、柏まで行こう」と伸一は考えた。柏駅に着くとやはり、常磐線の快速も各駅停車の電車も動いていない。

母に電話をすると、配達された食事は食べ終えていた。明日行くことを伝え、伸一はタクシー乗り場に向かった。タクシーを待つ乗客の列は思ったほどではない。急いで最後尾に並ぶ。だが数分待つが、タクシーは一台も戻ってこない。大雪で道路状況が悪く、動いていないのかもしれない。さらに十分待つがタクシーは来なかった。仕方なく反対側の柏駅東口のタクシー乗り場に行くが、状況は一緒だった。

「これでは柏のホテルも満室だ、歩いて自宅に戻るほかない」

普段なら四十分もあれば、自宅に帰れる距離だ。伸一は意を決し、東口から手賀沼方向へ歩き出した。道路にはすでに20cmを超える新雪が積もっている。これでは、タクシーを待っても来ないはずだ。

降る雪の勢いは次第に衰え、視界を遠くまで運ぶことができるようになってきた。歩き始めるとすぐに、雪が靴の中に入ってくる。道路には車一台走っていない。国道十六号に出て初めて、車が走っているのが見えた。国道を横切り、手賀沼沿いの道を進む。車の轍を歩くと雪には埋まらないが、幹線道路でない道はその轍すらない。歩道を一歩一歩と、深い雪に足を入れながら進んだ。

「これじゃ、深雪時のラッセルと一緒だ」

北海道でスキー板にアザラシの皮でできたシールを付けて、深雪の中を歩いたことを思い出した。スキー板の前の部分を思い切り蹴り上げ、雪を踏み固めながら歩くラッセルだ。

手賀沼へ向かう道は一台の車も通らず、人っ子一人歩いていない静かな世界が広がっていた。四十五分ほど歩いた時、ガソリンスタンドが見えて来た。明りのついた店には従業員がおり、トイレを借りたい旨を頼んだ。従業員は「よくこんな雪の中を歩いているなあ」という顔をしたが、快く了解してくれた。

ガソリンスタンドを出てからさらに四十五分ほど雪道を進み、やっとの思いで自宅に到着した。一時間半近くの雪中行軍だった。身体はポカポカと温かい。しかし足首より下は、氷水に長く浸かっていたように感覚を失っていた。すぐに風呂を沸かし、待ちきれずに湯船に飛び込む。「温かい……」冷え切った足に徐々に感覚が戻ってくる。

温まりながらしみじみと思った。「やはり彼女の判断は、間違っていなかった」

病院近くのつくば駅近辺であれば、ホテルも空きがあっただろう。

「瑠美ちゃんはいつも正しい考えを示してくれる」改めて彼女のありがたさを感じた。

翌朝、家の階段の雪かきをし、マンションに住む母の顔を見てから病院へ向かった。

病室で昨夜の雪中行軍の話をすると、

「だから言ったのに」と伸一の苦労をいたわるように言った。明日に手術を控えているのに、いつもと変わらず優しい。心の奥では手術に大きな不安を持っているだろうに。

二月十日の手術当日、伸一は朝七時五十分に前日宿泊したつくば駅前のホテルから病室に着いた。手術前の検査も終え、瑠美子は普段と変わらない様子で病室にいた。手術室に入るまでの一時間ほど、普段、家でするような会話を交わす。今日も彼女はウィットに富み、顔の表情も豊かだ。話をしている相手を飽きさせない。心を穏やかにしてくれる。

優しく温かい人柄に感謝しながら、瑠美子との会話を楽しみ味わった。

時間が来たので、手術室に入る通路まで一緒に歩く。手術室に向かうドアが見えてきた。そこから先は、伸一は入ることができない。ドアのガラス越しに静かに見送る。通路の先で右に曲がる時、瑠美子と伸一はお互いに手を振った。それはお別れの挨拶ではなく、これから始まる手術を二人で乗り切ろうという合図だった。

担当医師から、手術は五、六時間の予定と告げられていた。手術室に入ったのは午前八時五十分だったので、午後二時までは本や雑誌を読み、心静かに待つことができた。しかし、午後三時を過ぎても連絡はない。胸に不安が湧いて来る。

「なにか問題でもあったのだろうか」

自然と両手の指を胸の前で交差させて握り、祈るしぐさをしていた。

「もう、これ以上待てない」と感じた午後三時五十分、看護師から手術が終わったことを告げられた。少し経ってから、手術をしてくれた若い医師から報告を受ける。

「手術の時間は五時間二十分、輸血はありませんでした」

「リンパ節も見ました。病理検査に出してみないとわかりませんが、見た目では転移の所見はありません」

説明を聞き終わり、伸一はやっと穏やかに呼吸をすることができた。

ＨＣＵ（高度治療室）に入った瑠美子のベッドの横に、伸一は座った。瑠美子は手術の麻酔でまだ眠っている。ＨＣＵには多くのベッドが置かれ、それぞれカーテンで仕切られていた。瑠美子のベッドの横の計器に緑色で表示される数字が気になり、ずっと眺めていた。午後五時は脈拍１００、呼吸数30、血圧の最高は２００を超えていた。その後、血圧は午後十時の最高１６６、最低79と少し落ち着いて来た。深夜零時には最高１２６、最低73とかなり安定した。

午後十時前に瑠美子が眠りから目を覚ました。

「良かったね！　瑠美ちゃん、手術は成功したよ。どこか痛む？」

瑠美子は「右肩が少し痛む」と答えた。話しぶりはしっかりしていた。伸一はそれでも心配で、午前二時四十分までベッドの横でずっと計器を見続けていた。

血圧も安定し、脈拍数、呼吸数も落ち着いている。

「もう大丈夫だ」と確信し、予約していたホテルに戻った。さっとシャワーを浴び、二時間ほど仮眠を取り高度治療室に戻った。

瑠美子が個室に戻ったのは、手術翌日の午前十時半だった。明るい病室で改めて瑠美子の顔を眺めた。長い手術を耐えた割に、顔色は悪くなかった。しかし、いつものこぼれるような笑顔はまだ戻らない。肩が痛むことを気にしていた。

伸一は手術を終えて無事戻ってきてくれたことに、何よりの幸せを感じていた。と同時に、瑠美子が掛け替えのない人だということを思い知らされていた。

二月十九日に退院し、自宅に戻った。やはり自宅の居心地が良いのか、瑠美子の表情はたちまち明るくなった。

「やっと手術を終えて、自宅に戻ることができた」

そんな彼女の安堵感が、手に取るように分かる。

「普段の何気ない生活が、こんなに素晴らしいことだったとは」

二人はその喜びをしっかり味わっていた。

退院から一週間が過ぎ、二人は手術を主導してくれた呼吸器外科の医師のもとへ出かけた。佐野医師は穏やかな人柄で、患者の話をよく聞いてくれる。多くの患者から厚い信頼を得ているようだった。

診察室に入ると、佐野医師は少し言いにくそうに二人に伝えた。

「手術で切除したリンパ節の病理検査の結果です。切除したリンパ節の三十三のうち、二十四にがん細胞が転移していることが分かりました」

伸一は息を飲んだ。

「この結果、がんのステージはⅢＡになります。今のままでは、五年生存率は20～30％となります」

手術する前はステージⅠと言われていたが、がん細胞が右肺近くのリンパ節に多く見つかったのだ。

「リンパ節から身体中にがん細胞が回らないように、抗がん剤でがん細胞をたたきましょう」抗がん剤による化学療法を、佐野医師は強く勧めた。

伸一は「少し考えさせてください」と答え、次回の診察を二週間後に予約した。病院から車で自宅に帰る道すがら、抗がん剤の化学療法について瑠美子に尋ねた。

「瑠美ちゃんはどう思う？」瑠美子は少し考えていたが、判断が付かない様子だった。

「次回の診断までに決めよう」

伸一もその場では、明確に判断することができなかった。

がんと向き合う――二〇一四年二月から二〇一六年八月

手術が終わってから、二人のがんとの闘いが始まった。リンパ節に転移したがんをどのように消滅させるか。もしくは、がんをこれ以上大きくさせないためにはどうすれば良いか。手術を主導してくれた呼吸器外科の佐野医師は、「まず散らばっている恐れのあるがん細胞を、抗がん剤で叩きましょう」と言う。外科医としては当然の考えだ。

しかし伸一と瑠美子は、抗がん剤の効用と副作用の弊害を本で読んでいた。肺腺がんには抗がん剤が効きづらいということも聞いていた。だが、実際に効果が出ている例も知っていた。

「確かに抗がん剤は、一部の人には効く」

伸一の友人は、肺腺がんの手術後に抗がん剤を用いて良い結果が出た。しかし、良い結果が出る確率は、医師の説明でもさほど大きくなかった。手術前の診断と違い、術後はリンパ節に転移があったため、がんのステージは一気にⅢAとなった。

この場合、何もしなかった場合の五年生存率は20～30％で、抗がん剤治療を実施すれば

25～35％に上がると言う。つまり、抗がん剤治療を実施すると、五年生存率の割合が二割ほど向上することになる。

しかし、これは伸一たちを安心させる数字ではなかった。二人は悩んだ末に、

「まず免疫力をアップさせよう」

という考えに至った。手術で肺腺がんの塊は取り除いてもらった。今後は免疫力をアップさせ、がん細胞を増やさないことを最重要と考えたのだ。

がんとの闘病のやり方を学んでいくうちに、ドイツ人の医師、マックス・ゲルソン博士（一八八一－一九五九）が提唱した「食事療法」を知った。人が本来持っている自然治癒力を高めて、病気を治していくという考えの療法だ。

まず、がんの細胞を増やさないために、塩分（ナトリウム）を極力取らないようにする。また塩分の排出を促すために、ニンジンジュース（カリウム）を中心に摂っていく。この療法は厳格で、ゲルソン・クリニックに入院しなくては、完全な実行が難しいとも言われている。その病院はアメリカとの国境近く、メキシコのティファナ市にあった。

アメリカに住む医師には、自分ががんになった時、そこへ入院する人もいることを聞いていた。しかし、伸一たちにとって、現実的にその病院への入院はハードルが高すぎる。しかし、この療法を日本で実行している人も多くいることを知った。本で知ったのだが、本来の厳格なやり方ではないものの、より日本人にあった方法でがんを克服した医師が郡

山市にいた。伸一は早速そのクリニックに連絡し、実践を続けている星田医師の話を聞きに行くことにした。

瑠美子の手術から一か月が経った三月十六日の午前、郡山市の駅近くにあるクリニックで、星田医師の説明会が行われた。参加者は十数名で、夫婦で来ている人が多かった。伸一も二人で来たかったが、瑠美子は術後の療養中で無理はできない。星田医師は年齢七十歳近くで、穏やかな顔をしていた。

白髪にスレンダーな身体、しかし顔の血色が良い。とても、元がん患者には見えなかった。がんを克服して二十年余が経っている。海外のがんに関する文献を統計的に読み解いて「がんもどき理論」を語る医師に比べ、星田医師の話は実践者だけが知る具体性があり、説得力があった。説明会のあとに三十分ほど個人面談があった。医師は伸一の話を静かに聞いてくれた。説明会の内容も個人面談時の星田医師の話も、読んだ本に書かれていたことと同じだった。

しかし、医師の静かに話す姿や人柄に、信頼感を覚えた。何より、ゲルソン療法を実践してがんを克服した、実物の医師を目にしたのである。患者と医師の間では、この目に見えぬ「信頼感」というものが非常に大切となる。伸一は妻の命を預ける医師を選ぶ際に、信頼できる人かどうかを判断基準の一つにしていた。

その日の夜に郡山から帰り、瑠美子に説明会の内容を詳しく報告した。

「先生の話は本に書かれている通りで、特に目新しいことはなかったよ。でも先生は、実直で信頼できそうな方だった。今度、二人で行こうね」

ゲルソン療法を完璧に行うのは難しい。二人で話し合い、厳格なゲルソン療法の七割ほどを実践する星田医師のやり方をまねることに決めた。ニンジン・野菜ジュースを一日に三回飲み、多くの野菜と玄米を中心に摂り、精製した小麦粉を使うパンや砂糖を摂らないやり方だ。タンパク質は大豆や魚を中心に適量を食べ、塩分は極力摂らないという方針でスタートした。

ゲルソン療法を始めるにあたり、まず低速回転式ジューサーを購入した。低速ジューサーは石臼のようなスクリューがゆっくり回転するため、空気の混入が少ない。空気の混入が少ないと、食材が酸化しづらくなり本来の栄養を残せるらしい。また摩擦熱が少なく、素材が持つ酵素を壊さずに摂取できる。こうしたジューサーを使うことで、瑠美子の身体に良い栄養が壊されずに届くことになる。

ニンジン・野菜ジュースを作るのは、伸一の仕事になった。ニンジン、キャベツ、リンゴ、セロリなどをジューサーで絞る。一人分約３５０ccが目安だ。伸一も自身の健康のために、瑠美子と同じ分量を飲むようにした。

初めの頃は作るのに手間取ったが、慣れてくると、野菜を準備してからジューサーを洗い終わるまで二十分で済むようになった。大きなガラスコップに伸一はたっぷりのニンジン・野菜ジュースを入れ、瑠美子に差し出す。二人は目を見合わせ、その緑色にニンジンの赤い色が入った茶色のジュースを口に運ぶ。

「美味しい！」瑠美子は言った。

「うん、美味しいね」絞りたてのジュースは、素材の香りが口中に優しく広がり、甘く爽やかで飲みやすかった。

瑠美子は、ニンジン・野菜ジュース、野菜・玄米の食事を中心に、免疫力をアップさせる軽い運動や、身体を温めることを優先する生活を始めた。

さらに、人からがんに効くサプリメントがあると聞くと試してみた。しかし試すのは、信頼できる人からの情報か、実際に使用して効果のあったとされるものに限った。発酵黒ニンニク、マイタケエキスなど、サプリメントは三種類ほどになった。

リビングルームの電気ホットカーペットも、温水循環式の床暖房に代えた。この床暖房器具には大いに助けられた。温水の床暖房に横たわると、電熱線式に比べ低温でも身体の芯まで温まる感じがしたからだ。

伸一も瑠美子と同じ食事に変えたので、二年間で体重が5kgも減る効用があった。また、近くの松戸市で月に一度開かれていた「食と健康を考える会」のランチにも出席するようになった。がんの手術をした人たちが集まり、食を通じて健康を増進するという会だ。ゲルソン式食事療法を実践している人もいる。二人が知らない貴重な情報を、その会から得ることができた。何より和やかで楽しい会だった。

がんを発病する前は、二人で外食をすることも多かった。しかし、食事療法を始めてからは、外での食事は味付けが濃く、塩辛く感じるようになり閉口した。二人は求道僧のように、食事を中心とした免疫力アップの生活を追い求めた。大学附属病院の佐野医師が勧める、抗がん剤治療を再三断った手前もあり、良い結果を残したかった。

身体を温めることは免疫力を上げると、医師も賛成してくれていたので、ラジウム温泉を二人は探した。がん患者に有名な玉川温泉に行きたかったが、遠すぎるので新潟県の村杉温泉のラジウム温泉に通うことにした。

初めて村杉温泉を訪ねた時は、新幹線と鉄道を利用した。上野から新潟まで新幹線を使い、新潟からローカル線を乗り継ぎ、自宅から五時間近くかけて宿に着いた。村杉温泉は新潟市の東南、五頭連峰の麓の五頭温泉郷にある温泉地だ。緑豊かな山に抱かれた静かな場所だった。観光客は少なく、瑠美子の湯治場には最適のように思えた。

選んだ宿の食事は自然の野菜食材を中心に、近海でとれる新鮮な魚が出るなど、二人が目指す食事に近かった。宿の人に食塩を極力摂っていないことを告げると、できる限り協力してくれた。湯治客には、がんの手術をした人も多くいるようだった。

宿には無料で利用できる貸し切りの風呂があった。その中で、瑠美子はラジウム温泉の霧が出る風呂を特に気に入った。湯船は四、五人ほど入れるほどの大きさでゆったりしている。洗い場の壁に、水道の蛇口を上向きにしたものがあり、栓をひねるとラジウム温泉が霧状になって出てくる。瑠美子は顔を近づけ、霧状になったラジウム温泉をゆっくり吸い込み息を吐き出す。その霧が肺の奥のがん細胞をやっつけるように願いながら。

伸一は長く風呂に入ることが苦手で、必ず先に出て部屋で瑠美子を待った。三十分から四十分後に瑠美子が戻ってくる。部屋に入るなり、「気持ちよかった」と嬉しそうな声を出した。身体の芯まで温まり、ラジウム温泉の霧を存分に吸った満足感がその顔から伺えた。化粧を落とした瑠美子の自然の笑顔は、本当に美しかった。

「何度も、瑠美ちゃんを連れてきたい」

伸一は心で思った。二人同じ想いで努力することが毎日を充実させ、絆をさらに深めていった。

その後、車でこの宿に二度通うことになる。車でも自宅から五時間あまりかかった。常磐自動車道を北上し、磐越自動車道に入って猪苗代湖を通り、新潟へ入る。しかし磐越自動車道には対面通行の区間があり、とても危険に感じた。対向車と隔てる壁がないのだ。いくら自分が正しく走行していても、対向車が居眠りなどして道をはみ出してくれば瑠美子を守りようがない。

その頃、かつて所属したテニスクラブのオーナーから、福島県の三春に有名なラジウム温泉があると聞かされた。早速二人は出かけ、その温泉宿の雰囲気を気に入った。がん患者の方が多く集まり、食堂で一緒に食事をする。オープンに話せる雰囲気がそこにはあった。宿泊者同士でがんの情報を交換し合い、笑いの絶えない湯治場であった。

　これ以降、自宅から近い福島県三春のラジウム温泉が、瑠美子の湯治の中心となった。免疫力を上げてがんと対峙する闘病は、術後二年半頃まで順調に進んでいるように思えた。

がん性髄膜炎の進行――二〇一六年九月から十二月

瑠美子は二〇一六年八月末頃から、頭に痛みが出始めた。最初は耐えきれない痛みではなく、眼の奥が痛む程度だった。しかし、二人はがんの転移ではないかと不安になった。定期診断で腫瘍内科の医師に症状を訴えると、

「では、ＭＲＩ検査をしてみましょう」

医師はそう言って予約を取ってくれ、九月二十日に検査することになった。

検査当日の朝、車は我孫子市から都心とは反対に向かうことから、流れはスムーズだった。一時間ほどで大学附属病院へ着いたが、それでも瑠美子は、揺れる車の振動に頭の鋭い痛みを訴えた。

「どうか脳への転移ではないように」

ＭＲＩ検査室へ入る瑠美子を見送りながら、伸一は祈った。朝一番で検査をすると、昼には検査結果が出る。二人は午後まで待って、不安を抱きながら腫瘍内科医のもとへ結果を聞きに行った。

「ＭＲＩ検査の結果、脳にがんの転移は見当たりません」

「頭の痛みは、がんから来ているのではないでしょう」と医師は二人に伝えた。

瑠美子は医師の言葉を聞き、安どの表情を浮かべた。伸一はそれを見て、神に感謝した。嬉しかった。伸一は宗教心を持っていなかったが、自然と神への感謝の念が湧き上がった。医師からは通常の頭の痛み止めを処方された。しかし安堵できた期間は短かった。

十月八日と九日の明け方、耐え切れない頭痛が瑠美子を襲った。九日の午前九時になるのを待ち、担当医に電話をかけた。再度十月十一日に、頭部のＣＴ検査をしてもらうことになった。

検査の当日、伸一は会社を休み瑠美子に付き添った。検査結果はその日の午後に出た。腫瘍内科の担当医は淡々と「がん性髄膜炎」を告げた。頭部ＣＴで撮影した画像で、黒い部分の脳室が以前と比較して二割ほど大きくなっていた。

「やはり、八月末からの頭の痛みは、その前兆だったのか！」

伸一は悔やんだ。あれほど医師にその痛みを訴えたのに、「がんの転移との関連はない」という言葉を信じ切っていた。

その日、非小細胞肺がんに効くと言われる分子標的薬タルセバと、脳内の圧力を下げる作用があるステロイド、胃腸を荒らさない薬を処方された。手術を受けてからずっと抗がん剤の処方を辞退していた。しかし、耐え切れない頭の痛みと、脳への転移を診断され、そうは言っていられなくなった。

「ゲルソン療法のニンジンジュースや免疫力を上げるやり方では、脳へのがん転移を防ぐことができなかった」

伸一は、自分たちの選択が間違っていたのかと悔やんだ。医師からタルセバを服用した時、まれに間質性肺炎を起こす場合があると言われた。

「もし間質性肺炎の症状が出た時は、すぐに知らせて欲しい」と念を押された。

伸一はその日から、瑠美子に息切れや咳、発熱など風邪に似た症状が出ないか、用心深く見守った。

がん性髄膜炎と告げられた三日後、十月十四日に病院を訪れた際、腫瘍内科の担当医から、日本語と英語が併記された、がん性髄膜炎の資料を手渡された。

同時に「オンコロジーエマージェンシーで重篤な状況です」と告げられた。

「がん性髄膜炎で緊急な対応を必要とし、症状が非常に重い状況」という意味だ。

緊急な対応とあるが、そもそも、がん性髄膜炎に有効な対応はあるのか？　脳には血液脳関門があり、脳血管から取り入れる成分を選択、制限する。タルセバも脳には届きにくいはずだった。

十月十八日、血液検査と脳のＭＲＩ検査を受ける。血液検査では、腎臓の数値は改善され、ＭＲＩ検査では脳室（黒い部分）が少し大きくなっていた。腫瘍内科医は、「がん性髄膜炎の診断は変わりません」との意見だった。

　伸一は担当医を信じないわけではないが、脳神経外科で髄膜炎検査を受けたい旨を申し出た。

「私を信じないのですか？」というような顔をしたが、担当医は了承してくれた。

　十月二十七日に脳神経外科を訪ね、ＭＲＩ検査の画像を医師に見てもらった。

　検査画像を診て、「脳に腫瘍は見られません。水頭症の可能性があるとしたら、脊椎のＭＲＩ撮影も考え方の一つです」と言われ、様子を見ることになる。

　翌十月二十八日、瑠美子が一人で病院へ行くことにした。頭の痛みが治まったので、ステロイドを四錠から二錠へ減らし、タルセバはそのまま継続する。タルセバの副作用か、顔に発疹（鼻と口の周り）ができ、便秘は四、五日も続いていた。

「しかし、三週間前のあの激しい頭の痛みがおさまるとは」

　薬の効果に伸一は驚いた。

　十月三十日、体調は落ちついてきた。頭の痛みはなくなる。しかし、薬の副作用で発疹と便秘は続いている。十一月一日に病院を訪問、タルセバを服用し始めて三週間が経っていた。頭の痛みは治まっているが、顔の発疹は続いている。血液検査のクレアチン、ｅＧＦＲの数値は少しずつ改善していた。

　この結果を見て腫瘍内科医は、「ステロイドは三日後になくしましょう」と言った。

タルセバは効いているように思える。しかし、一般にタルセバが効く期間は、六か月から九か月と医師から告げられる。

「そんな短い期間しか効かないのか！」

今更ながら、抗がん剤の限界を伸一は思い知った。

十一月六日、三十八度の発熱があったため八日に病院を訪れることにする。発熱と口内炎、さらに血液検査で肝臓数値が上昇したなどの理由から、タルセバの服用を中止にすることになった。その後、症状は落ち着いてきた。九日が経った十一月十五日に血液検査を受け、八つの検査項目のＨｉｇｈとＬｏｗの数値が、ほぼすべて良い方へ向かっていた。

「タルセバを中止して一週間余、その結果が早くも出てきているのか」

頭痛も治まった十一月十八日、瑠美子と伸一は都内の六義園へ紅葉を見に行くことにした。通院ばかりの瑠美子に、ゆっくり紅葉を見せてやりたかった。空が高く晴れ渡り、多くの人が園内を訪れていた。池の周りを巡るように庭が構成された、築山のある美しい旧大名屋敷だった。

「青々とした緑と紅葉が美しい庭」との評判だが、この日は紅葉にまだ少し早かった。病院通いが続いていた瑠美子は、久しぶりの二人の外出を喜び、柔和な表情を見せた。こうした瑠美子の表情を見るのは嬉しかった。結婚して以来、ずっと変わらない嬉しそうな表情を見せてくれていた。その笑顔が、伸一の疲れや苦労を吹き飛ばしてくれる。本当にありがたい笑顔だった。

　二人は近くにある旧古河庭園へも足を延ばした。午後二時を回っていたが、タイミング良く洋館内を巡るツアーに参加できた。旧古河邸の洋館は手入れが行き届いており、当時の優雅な生活を想像することができた。花好きの瑠美子は、邸内よりも洋風庭園のバラに気持ちが惹かれたようで、熱心にバラの花を閉園間際まで見て回った。

「病院通いが続き、楽しい思いをさせていなかった。ごめんね、瑠美ちゃん」

　伸一は寂しい思いをさせていたことを悔やんだ。


　十一月二十五日、血液検査を行ったが、腎臓の数値ほか全般が改善していた。医師よりタルセバ１００㎎服用の提案があるが断る。しかし、平穏な時間は続かなかった。

　十二月二日、頭の痛みが激しく、アポなしに担当医を訪ねた。胃と胸のレントゲン、血液検査を受けるが、影像・数値ともに問題なしとの結果で、再度、タルセバ１５０㎎の服用を開始する。

　十二月六日、血液検査を実施。ｅＧＦＲとクレアチニン（ＣＲＥ）の数値が悪化していた。しかし、白血球数は増加してきており、タルセバを継続する。

　十二月十六日、ＭＲＩ撮影。脳神経外科の医師から、「脳室（黒い部分）が脳の幅の三分の一くらいを占め、水頭症の恐れがある」と言われ、十二月二十五日から検査入院することになった。内容は、髄液検査と脊髄ＭＲＩ検査である。

その日の午後、腫瘍内科の担当医と面談し、血液検査では腎臓と肝臓の数値は問題なしと告げられた。

「今後、タルセバの次の分子標的薬を試し、それがだめなら腫瘍内科医としては薬で手が打てない状況です。それ以降は、緩和ケアを考えてください」と一方的に告げられる。

さらに、「お正月には親に会っておいてください」とまで言われてしまった。

医師としては今後の方針を冷静に説明してくれたのだろうが、患者側としては頼りにしている先生から、最後通告されたような気持ちになった。


現在の医療は、専門別に分業化されている。

レントゲン検査やＣＴ検査、ＭＲＩ検査、ＰＥＴ検査などを行うと、それぞれ撮影した映像を分析する医師がおり、所見を述べ担当医に戻す。担当医は外科と内科それぞれで所見に基づき、自分の専門分野でできる標準治療を、ガイドライン（医療指針）に沿って行う。標準治療とは最新情報をもとに、専門家が集まり討議して合意が得られた治療法を言う。ガイドラインは、それらの合意事項をまとめたものだ。現代は医療訴訟の問題もあり、医師にとって標準治療以外の選択肢は考えられないのだ。

腫瘍内科医からの最後通告に似た言葉に、伸一は瑠美子の身に起こる症状の行く末に対し、大いなる不安を感じた。

「これからは瑠美子のために、できることは何でもしよう」

今までも彼女のために、できることは何でもしてきた。しかし今の気持ちは、土俵際まで追い詰められての必死の思いだった。

髄液の検査入院――二〇一六年十二月から二〇一七年三月

十二月二十五日、髄液検査のために三泊の検査入院が始まった。髄液を採取して、その中のたんぱく質の量とがん細胞の有無を調べる。

「クリスマスの日に検査入院とは、神様に感謝をしないといけないね」

伸一は瑠美子に軽口をたたいた。朝の八時過ぎに家を出て、車で二人は大学附属病院に向かう。瑠美子は車の助手席に座り、いつも通りの優しさと笑顔で伸一に接してくれる。「本当は本人が一番心配なはずなのに」と伸一は思った。「何と心の優しい女性なのだ」と言葉には出さず心の中で感謝した。

大学病院に着き、入院手続きを済ませて病室に入った。部屋は一〇一二号室の一人部屋で、南東向きの日当たりの良い部屋だ。見晴らしが良く、窓からは緑の森の向こうに街の建物が眺められた。都心の病院に比べ自然が残っており、暗くなりがちな患者や家族の心を癒してくれる。

その日は入院手続きと説明だけがあり、実際に脊椎に注射針を刺して骨髄液を採取するのは二十七日になる。明日は会社に出勤するため、その日の夕方に後ろ髪を引かれる思いで病室を出た。

「何とか瑠美子のがんを治したい、治してやりたい」

がんを発病して以来、瑠美子への愛おしさはそれまでの何倍にも感じていた。

二十七日の朝、伸一は自宅を出て病院に向かった。

午後、いよいよ脊椎から骨髄液を抜く施術が始まる。施術の担当は二十五日に事前説明をしてくれた若い医師だ。施術の間、伸一は瑠美子の病室で待っていたが、なかなか戻ってこない。休憩室で雑誌を読んだり、スマホでニュースを見たりするが、頭に入らない。

「何か問題でもあったのか？」

だんだんと不安が心の中で大きくなってきた。もう待ちきれないと思った時に、青い顔をして瑠美子が帰ってきた。

「どうだった、痛かった？」

伸一が聞くと、青い顔をした瑠美子は、

「先生が上手く注射針を入れられなかったのよ。五回も六回もやり直したのだけれど、結局ダメだった。痛くて、痛くて大変だった」と言った。

「そう、大変だったね。若い先生で経験が足りなかったのかな」

慰める言葉を見つけられず、伸一はそう答えた。ドアを閉め瑠美子の背中を見ると、紫色の消毒液がついた皮膚に、太い注射針の刺した跡が数か所残っていた。

少し経ってから、脳神経外科の主任担当を務める医師が病室に来て、

「今回は上手くいかなかったですが、明日もう一度やり直します。それとも今日、別の医師がやることもできますがどうします？」

微妙な問いかけ方だったので、後で返事をしに伺いますと答え、即答を避けた。

瑠美子と二人になり、意向を聞くと、

「今日の若い医師に明日やり直してもらうより、別の医師がいいわ」

と明確な答えが返ってきた。痛い思いをしたため、施術した若い医師を信頼できなくなったのだろう。

伸一が、別の医師による当日の施術を希望したところ、時間を置かず実施してくれることになった。中年の経験豊富そうな別の医師は、一回で痛みなく脊髄液を採取してくれた。

ほっとして帰ってきた瑠美子は、

「もう、最初からベテランの医師がしてくれていたら良かったのに」

と少し不満げな顔を伸一に向けた。不満げだが、瑠美子の表情にはどこか愛嬌がある。愚痴や非難めいた言葉を言わない。昔からそうだった。

その日の夕方遅く、脳神経外科の主任担当医から検査結果のフィードバックがあった。

「まず脊髄のＭＲＩ検査では、がんの転移は見受けられません」

「髄液検査は細胞の顕微鏡診は残っていますが、三か所の髄液を調べたところ、細胞数は七個。たんぱく質の量も異常ありません」

「もし脳へ転移があれば、髄液中の細胞数は数十から百と多くなります。同じく、たんぱく質の量も増加します。以上のことから、がんが脳へ転移している可能性は低いと思われます」

最終的には一月二十七日の外来で、顕微鏡診の結果が分かるとのことだった。

その言葉を聞き、伸一は天にも昇る気持ちになった。瑠美子が自分以上に喜んでいることを分かっているので、余計に嬉しかった。

しかし、「頭の痛みや水頭症らしき症状は、なぜ起こるのですか」と伸一が尋ねると、医師は「突発性水頭症と言って、原因が分からないこともあるのです」と言う。まだ、顕微鏡による細胞診断が残っているとは言え、脳神経外科の医師から告げられた「脳へのがん転移の可能性は低い」という言葉は、伸一の心に嬉しく大きく響いた。


年末年始、瑠美子は実家に帰らず、久しぶりに伸一とゆっくり自宅で過ごした。頭の激痛は治まっていたが、眼の奥が痛む症状は続いていた。この年の正月は穏やかで暖かく、二人は沼沿いの公園での散歩を楽しんだ。瑠美子は昨年末に購入した、歩行用のポールを使いゆっくり歩く。一月十日の午後も暖かく、いつもの沼沿いの遊歩道を散歩していた時、瑠美子が立ち止まった。片目を閉じ、つぶやいた。

「遠くの視力が随分と落ちたように思う」

この二か月間で、瑠美子の歩行スピードは遅くなり、ふらつきも出始めた。頭の激痛はないが、背骨から尾てい骨あたりが痛むようになっていた。階段を降りる時、背骨の腰付近に痛みを感じるようになったのだ。視力の低下や目の奥の痛みも残っている。

「瑠美子の脳の中で、何かが起きている」

伸一は嫌な予感がしていた。この頃になると、伸一は一人で瑠美子を自宅で支えることに不安を覚え始めていた。二人には子供がいない。看病の応援を頼む家族は、他にいなかった。瑠美子の母と兄は大阪市に居り、伸一の兄夫婦も広島県福山市で暮らしていた。関東には瑠美子の看病の応援を頼める人はいなかった。

瑠美子は二〇一六年末に検査入院をしたため、大阪の実家への帰省は一月二十一日になった。歩行に不安があるため、伸一も一緒に帰ったが、仕事の都合で大阪に滞在することができなかった。瑠美子を実家まで送り届け、その日のうちに東京へ戻った。

瑠美子は実家に四泊して東京に戻ってきた。伸一は品川駅まで瑠美子を迎えに行った。

「大阪はどうだった？　ゆっくりできた？」

「甥の家族が来て、賑やかだったよ」

実家でゆっくりしたらしく、穏やかな顔がさらに柔和になっていた。

「でも目の焦点が合わず、少しふらついたわ」と瑠美子は言った。

頭の痛みは実家でも続いていた。

「確実に病状は進んでいる」と伸一は思った。瑠美子の頭の中で、がん細胞が脳の機能を少しずつ奪っているのだろうか。

大阪から戻ってすぐの一月二十七日、顕微鏡の細胞診断の結果を聞きに、二人は脳神経外科を訪ねた。脳神経外科の医師は、細胞診断の結果について、

「細胞学的に強く悪性が疑われます、クラスⅣの状態です」

「細胞はがん化しており、がん性髄膜炎の可能性が高いです」

同じ医師が年末に言った言葉と、真逆の内容だった。がん性髄膜炎には、有効な治療法がないことを二人は知っていた。病院からの帰り道、伸一は瑠美子に何と言葉をかけてよいか分からなかった。

「脳のがんにも、身体を温める温泉療法が良いようだよ。また三春のラジウム温泉へ行こうよ、予約を入れるね」

瑠美子はいつもの笑顔に戻っていた。しかし、彼女の心中を考えると、伸一はやるせなかった。走る車から道路際の枯れ草が、強い北風を受けて打ち震えているのが見えた。

一月末、自宅近くの眼鏡店へ出かけた。瑠美子が雑誌など見る時に、焦点が合わなくなっていたのだ。メガネを新しくするために視力を測ってもらうが、時間がかかった。眼鏡店

の店員がいくら左目のレンズを調整しても視力が〇・七以上にならない。

「一度、眼科で検査を受けてください」と言われ、メガネを新調することができなかった。

「脳の視力を司る領域が、がん細胞に侵され始めているのかもしれない」

瑠美子には言わなかったが、伸一は不安を抑えきれなかった。

これからは、できる限り瑠美子との時間を大切にしよう。そう考え、二月十八日から二泊三日で、千葉の養老渓谷の温泉宿に出かけた。瑠美子とのドライブはいつも楽しい。彼女が飲み物を用意してくれ、伸一が「コーヒーお願い」とリクエストすると、すぐにサーブしてくれる。また、瑠美子は伸一が運転している間は眠らない。伸一の運転が心配なのかもしれないが、性格からくる優しさなのだろう。二人は学生時代の懐かしいフォークソングを聴きながら、宿までの三時間ほどのドライブを楽しんだ。

瑠美子は、伸一と一緒の行動を決して嫌がらない。世間では、奥さんが夫との二人の旅行より、女友達との旅行を好むという話をよく聞く。しかし、瑠美子は違っていた。伸一との旅や一緒の行動を喜んだ。ペアルックの服装も嫌がらなかった。夫にとって、こんなに嬉しいことはない。子供のいない二人は、いつまでも新婚時代のように仲の良い夫婦だった。

養老渓谷の宿泊先は、奮発して露天風呂が付いた部屋を予約した。瑠美子が胸に残る手術の跡を気にせずに、ゆっくり湯に入れるようにしたかった。露天風呂は養老渓谷に面しているが、目隠しがあり、外からの視線を気にせずに入れる。久しぶりに瑠美子はリラックスした表情で、「たまには贅沢もしないとね」と言った。

瑠美子は、年齢を重ねるとともに生活に余裕ができても、無駄遣いをしなかったが、趣味のテニスやヨガなどに使う金は惜しまない。しかし、衣服や食事にかける金は、余裕ができても若い頃と変わらなかった。

宿の食事は豪華だった。しかし、塩分の制限を続けてきた二人にとって、味が濃く感じられた。次々と料理は出てくるが、瑠美子の箸が進まない。伸一は味の問題だけでなく、瑠美子の食べるスピードが遅くなっていることが気になった。

「確実に咀嚼する力が落ちてきている」伸一の不安が増した。

翌日は養老渓谷の川沿いの遊歩道を歩いた。緩やかな流れの水が、深い谷の底を這うよう進んで行く。秋は紅葉が美しく、観光客も多い。しかし二月は人が少なく、ゆっくり渓谷を散歩することができた。

この頃になると、瑠美子は複視の状態になっていた。複視とは、片目で見ると正常だが、両目で見ると一本の水平の線が、二本に見える状態のことだ。右目と左目の画像を処理する脳の機能に問題が出ているのだろう。このことが平衡感覚を狂わせ、歩く足取りを頼りなくさせている。川を横切るために、飛び石を渡らなければならない箇所があった。伸一は瑠美子に手を貸し、二人で慎重に川を渡った。

一月末に脳神経外科の医師から、髄液の顕微鏡診断の結果により、「細胞学的に強く悪性を疑う、がん化している」ことを告げられた。その後も月に三度ほど、大学附属病院に通ったが、血液検査の内容は良好な状態が続いていた。

三月十日に大学附属病院の腫瘍内科医を訪ね、ＭＲＩ検査とＣＴ検査の結果を聞いた。「ＭＲＩ検査では脳の状態は十二月と大きく変わりませんが、髄膜播種（がん細胞が種をまかれたように転移した状態）が見られます。ＣＴ検査では肺にも播種が見られます」いずれも固形のがんではないが、髄膜播種は今後進むと複視が進み、歩けなくなるという。そして身体を動かせなくなり、眠る時間が多くなると告げられた。

三月十五日からジオトリフの服用が開始された。

伸一は瑠美子の身体が動く間に、好きな温泉でゆっくりさせてやりたい思いに駆られ、三月中旬に鴨川市小湊の温泉旅館を予約した。

この時も、瑠美子一人で入浴させることに不安があったので、温泉浴室がある部屋を選んだ。浴室からも海が臨める。瑠美子は少しぬるめの温泉に時間をかけ浸かり、夕日をゆっくり眺めていた。沈む夕日が美しく、彼女の表情にいつもの明るさが戻っていた。伸一はそれを見て無性に嬉しかった。

夜の食事は外房ならではの海の幸が、テーブルに並んだ。

「美味しそう、量がたっぷりあるね」

瑠美子は料理を見て、嬉しそうに笑った。しかし食べる量は少なく、しかも食べる時間はこれまでの倍近くかかった。

瑠美子の一番の魅力は、屈託のない、こぼれるような笑顔だ。疑うことを知らない赤ん坊のような笑顔――伸一はこの笑顔を見たくて、ビジネスパーソン時代はわき目も振らず懸命に働いた。家に帰ると温かい食事と瑠美子の笑顔が待っている。このことが全力で仕事に打ち込める、何よりのモチベーションになった。

「人は自分の欲のために働くよりも、自分以外の人を幸せにしたいと願って働く方が、何倍も大きな力が湧く」

そう伸一は常々思っていた。その意味で瑠美子は、最高のパートナーだった。

自宅での看病(一)——二〇一七年三月から五月

瑠美子の食事の摂取量が、大幅に減ってきた。嚥下する力が急速に落ちたことも大きいが、食べ始めると胃のあたりが痛みだすことも、その理由の一つだった。

二〇一七年三月下旬になると、食事は一日に二回、一回に食べる量はこれまでの三、四割に落ちていた。当然体重は減り、この三か月で7kgも落ち49・9kgとなっていた。

三月末の早朝、暗い寝室のベッドの中で瑠美子が起きていることに気づいた。

「眠れないの?」と尋ねると、

「頭が締め付けられるような感じなの」と言う。

三月中旬から分子標的薬は、タルセバからジオトリフに代わっていた。がん性髄膜炎には、分子標的薬の効果も少ないと医師から聞いていた。事実、タルセバを服用しても瑠美子の症状の悪化は進んだ。脳には血液脳関門という部分があり、血液と脳の組織液との間に、物質の交換を制限する機能があるらしい。そのため、抗がん剤や分子標的薬の成分が脳の組織液に取りこまれにくくなるのだ。

目に見えて体重が減り、脳の機能が悪化していく日々が続いた。

四月上旬の夜一時半、先にベッドで寝ていた伸一は、「ドスンッ」という音で目が覚めた。うす暗い寝室のベッドの横で瑠美子が倒れている。飛び起きて、「瑠美子、どうしたの！」と声を掛けると、仰向きに倒れた瑠美子の手には薄い掛布団が握られている。

「伸ちゃんが布団一枚では、寒いかと思って」小さな声で応えた。瑠美子は覚束ない足取りで、眠っている伸一に薄い掛布団を掛けようとしてくれたのだ。

「ありがとう、瑠美ちゃん。寝室が暗いので危ないよ」

伸一はそう言ってゆっくり抱きかかえながら、目頭を熱くした。

食事を摂れなくなり、明らかに栄養が足りなくなっていた。四月十二日、伸一は近所の内科医、渋川医師を訪ね、現状を報告し院内で５００ccの点滴をしてもらった。この頃、瑠美子は記憶も薄れていく様相を見せていた。いつの間にか、テレビの音量も大きくなっている。音が聞こえ辛くなってきたのだろう。

翌日は仕事があり、会社から昼休みに家へ電話をかけた。電話に出た瑠美子の声は大きく、受け答えもしっかりしている。昨日の点滴が瑠美子に力を与えたのかもしれない。少しホッとした瞬間だった。

四月後半から、福島県三春のラジウム温泉へ二泊の湯治に出た。常磐自動車道を使って、自宅から車で三時間のドライブだ。磐越自動車道に入り、赤茶色の山の間を縫うように車は走る。里では桜の盛りは過ぎていたが、高速道路の道すがら、群れずに健気に咲く、淡いピンク色の山桜を楽しむことができた。

瑠美子は肺腺がんの手術を終えてから、二年余りにわたって湯治場として福島県三春のラジウム温泉をたびたび訪れていた。伸一も二年ぶりの宿泊となる。この温泉の特徴は岩盤浴と言って、ラジウムが発生する岩盤の上に小石を敷き詰め、その上に敷いたゴザの上に横になるというもの。

二十分から四十分の間、身体を横たえていると、びっしょりと汗をかく。途中十分な水分補給をするが、身体が軽くなったように感じた。ラジウム線で細胞の免疫力を上げ、病を治す効能があるという。湯治客の多くは、がんを患っている人たちだ。しかし、岩盤浴場でも食堂でも人々の表情は明るい。がんの治療に関する情報交換も、宿泊者同士で盛んに行われる。そんなオープンな雰囲気を瑠美子は好んでいた。

宿に到着して部屋で少し休憩してから、

「瑠美ちゃん、岩盤浴へ行こうか?」

「うん、楽しみね」

この岩盤浴場は浴衣を着て入るので、男女混浴になっていた。伸一も瑠美子の横に寝て、一緒に岩盤浴をすることができる。ラジウム線の強い場所と、そうでない場所が岩盤浴場の中にある。二人はいつもラジウム線の強くない場所で、四十分ほど寝ころぶことにしていた。小石の上に自分のゴザを敷き、仰向けになる。ゴザを通してじんわりと温かさが背中に伝わってくる。

「どうか、瑠美子の脳の髄膜に散らばっているがん細胞をやっつけてください」額の汗を拭わぬまま伸一は天に祈った。

宿の食堂は、和食を中心としたビュッフェ形式だ。夕方の食事時刻になると、いつも列ができる。順番に並び、料理をトレイに取っていく。

「食べられる分だけ取ってね」

伸一は自宅での小食を知っているので、瑠美子に小さな声で伝える。それでも野菜を中心に、好きな料理をトレイの小皿に次々と盛っていく。テーブルに着くと、ゆっくりのペースだが、自宅の献立にはない料理を楽しみながら食べ始める。豪華な料理ではないが、「おふくろの味」のように食べやすかった。

食事客もほとんどいなくなった食堂で、

「瑠美ちゃん、あと十分で食堂が閉まるよ」

「えっ、もうそんな時間？」

「うん、そろそろ一時間半になるからね」

瑠美子は急いで食べようとするが、咀嚼する力と嚥下する力が弱いので、食べ物が食道になかなか入っていかない。食堂に残っていた同年代と思われる宿泊者の男性が食事を終

え、食堂から出る時に瑠美子に近づいてきた。瑠美子と伸一の肩に手を置いて、

「頑張ってね」

と優しく声をかけてくれた。

同じ病気を持つ人かどうかはわからない。しかし、見知らぬ人が瑠美子の食事をする姿を見て、勇気づけてくれた。いきなり人の心の温かさが、伸一の胸の奥まで入って来た。何気ない一言が、どれだけ人を勇気づけるかを思い知らされた。

食堂の従業員も、

「ゆっくり食べてくださいね」

と声をかけてくれる。

「ありがとうございます」と答え、瑠美子を促し食事を終える。

トレイを確認すると、普段食べている量の一・五倍は食べていた。自宅と味付けが変わり、食欲が出たのかもしれない。同じ病を持つもの同士と一緒に食べることが、食欲を増したのかもしれない。

三日目の朝に宿を発ち、近くにある「瀧桜」を見に行く。二年前にも二人で訪れ、感動したしだれ桜の老木だ。今年は最盛期を少し過ぎていた。それでもその桜は、なだらかな丘にすっくと立ち、大きな枝を四方に拡げて瑠美子たちを迎えてくれた。堂々と自分の長い〝人生〟を誇るように、惜しげもなくたくさんの花を咲かせていた。

「きれいだねー、今年も待っていてくれたね」

瑠美子に話しかけたが答えず、その桜を愛おしそうに見つめていた。

五月初め、二人で瑠美子の実家の大阪に帰省した。日々進む病状の行く末を案じ、もう一度瑠美子の母に会わせたかった。

新大阪駅に着き、瑠美子はウォーキングポールを両手に持ち、ゆっくり歩く。その横に伸一は寄り添い、万が一の際、何時でも支えられるように歩いた。

実家には二泊した。瑠美子は会話することはできたが、話の内容がかみ合わない場面もあった。兄の敏郎はすぐに気づいたが、母は帰る間際まで娘の変化に気づいていなかった。東京へ帰る朝、瑠美子が部屋の窓のカーテンを、何度も閉める動作をした。自分が気になることに対して、何度も同じしぐさをするのだ。それを見て瑠美子の母・信子は、痩せた娘の横顔を見ながら、

「親より先に死んだらあかんよ」

「親より先に死んだらあかんよ」

と瑠美子に聞こえるか聞こえないくらいの声で二度呟いた。瑠美子の様子が尋常でないことに気づき、母親が心から娘を愛おしむ言葉だった。

「お母さん、申し訳ありません。瑠美子を守り切れませんでした」心の中で伸一は詫びた。

大阪から帰ると、脳の障害が一気に出てきた。大阪にいる母や兄、親戚の人の名前を言い、

「食事してもらった？」と伸一に聞く。

「皆さん大阪にいて、ここにはいないよ」と答えると、

「うそっ、さっきそこにいたよ」

瑠美子に幻覚の症状が出始めていた。

自宅での看病(二)——二〇一七年五月

五月十三日、伸一の母と瑠美子の三人で、「母の日」を祝おうと近くの和食店に行った。瑠美子は好きな鮨を五貫、美味しそうに食べた。デザートは少し残した。家に戻り伸一は床に就いた。いつも瑠美子が寝るのは、伸一のずっと後だ。

夜中の一時半頃、目が覚めると横のベッドに瑠美子がいない。急いで階下に降りると、浴室の湯船に瑠美子が入っていた。伸一は驚いて声を掛ける。瑠美子はうっすら目を開けた。

「早く気づいて良かった」伸一は安堵した。

急いで瑠美子をバスタオルに包んだ。湯船の湯は、かろうじてまだ温かった。湯船に浸かり眠くなったのだろう。しかし、時間の把握力が薄れてきているのも事実だった。

五月十四日の午後、手賀沼の遊歩道近くに車を停め、そこからウォーキングポールを使って四十分ほどゆっくり歩く。新鮮な空気を胸いっぱい吸って、瑠美子も気持ちよさそうだ。その気持ちよさそうな顔を見ると、もっと外へ連れて来なければいけないと反省した。伸一はこの頃、週に三日ほど会社へ通っていた。

足元を見つめ、ゆっくり瑠美子は歩く。以前はケンに引っ張られながら早足で歩いた遊歩道だ。苦しい闘病生活の中でも、こうして二人で歩くことが、伸一にとってこの上なく嬉しい時間だった。

自宅の看病では、食事の献立に頭を悩ました。バランス良く、少しでも多くカロリーを摂れるよう知恵を絞った。好んで食べてくれるものは、ホタテのバター炒めとスモークチーズだった。少量でも良質なタンパク質が摂れるので、冷蔵庫に常備した。幼児食や鮭の身が入ったお粥など、流動的で食べやすい食事も用意した。しかし咀嚼の力が弱り、嚥下する力も低下する中、食べる量がみるみる少なくなっていく。

「このままでは、口から食事ができなくなる」

想像もしていなかった症状の進行の速さに、大きな不安に襲われた。一人だけの看病で、身近に相談する相手がいないことも不安を大きくした。

五月以降、瑠美子は伸一に現実ではないことを言うようになった。

「中学校の同窓会の幹事会へ、出欠の返事を出さなくてはいけない」

「ケンはどこ？」

「お母さんや兄さんに食事をしてもらった？」

恐らく、瑠美子が心のどこかで気にかかっていることが、言葉として出てくるのだろう。

五月中旬以降は、風呂に一人で入ることができなくなった。伸一は予想を超えるスピードで進む病状の悪化に、訪問看護の必要を感じた。

五月二十三日、渋川医師に実情を話し、看護ステーションを紹介してもらった。すぐに連絡を取り、看護ステーションを訪ね今後のことを相談した。六月二日、瑠美子の病状のチェックと、自宅の間取りを見に来てくれることになった。ケアマネージャーから介護保険の申請をアドバイスされ、すぐに手続きを行った。

瑠美子はふらつく足どりで、手で壁や家具につかまりながらトイレへ行っていた。しかし、バランスを崩して倒れる恐れがあった。早速、玄関とトイレ、浴場付近の壁に介護用の手すりを取り付けた。介護用品をレンタルする会社にサービスを依頼すれば簡単だったが、伸一は頼らなかった。介護保険を使うと一割の費用負担で済むが、九割を介護保険に負担をかけることになる。しかも料金が高かった。配送費と備え付け工事の人件費も加算されるので、仕方がないのだろう。

「自分でできることは自分でやろう」

伸一はインターネット通販で手すりを注文し、自分で取り付けた。通販で買う価格は、介護保険を利用する価格より驚くほど安かった。

自宅で看病し始めた頃は、何とか瑠美子の世話をすることができていた。しかし、瑠美子が一人で歩くことができなくなると問題が出てきた。二階の寝室へ行く階段の上り下りが危険になったのだ。階段に手すりはあるが、瑠美子の平衡感覚の状態は普通ではない。そのため一階のリビングルームにレンタルの介護用ベッドを置き、瑠美子は一階に寝かせるようにした。

このように、室内は看病しやすい環境づくりが全てに優先された。伸一は二階の寝室で寝たが、何かあれば音が聞こえるよう、全てのドアを開け放して床に就く。また、一階のリビングルームは吹き抜けになっており、二階の廊下の窓からリビングルームで寝ている瑠美子を確認することができた。

伸一は毎朝四時頃に目を覚ますため、夜の八時過ぎには眠くなる。瑠美子を夕方に入浴させ、食事を終えるのは夜の七時過ぎになる。部屋を暗くし瑠美子のベッドの横に座り、手を握りながら肩を軽くトントンたたく。こうすれば安心するのか、早く寝入ってくれる。

ある夜、瑠美子がベッドに横になってから、珍しく一人で話し始めた。人に語りかけるように話しているが、話す内容は要領を得ない。それでも、

「そう、良かったね。大変だったね」と相槌を打ちながら、十分ほど聞いていた。すると、だんだんと話す声が小さくなり、スピードも遅くなる。伸一は瑠美子の手を柔らかく握り、静かになるのを待った。そっと顔を見ると、穏やかな顔で眠りについていた。

「愛おしい」心の底から思った。

それから少し経った五月後半のある夜、いつものように八時過ぎに瑠美子を寝かせ、伸

一は二階の寝室で眠っていた。夜中に何か音がしたような気配を感じ、眼を覚ました。時計を見ると夜の十二時過ぎだった。急いで二階の廊下の窓から下のリビングを覗くと、ベッドの上に瑠美子の姿がない。

「一人でベッドから起き上がったのか」伸一は驚き、急いで階下に降りると、リビングルームの奥で瑠美子が倒れていた。その傍らには横倒しになった歩行補助器もあった。

「瑠美子、大丈夫？　どうしたの」

瑠美子はうっすら目を開いた。身体に怪我はないようだった。リビングルームに敷いている温水式床暖房の柔らかい敷物が、瑠美子の身体を守ってくれたようだ。

昨夜、便秘用の薬を飲ませたため便意をもよおし、トイレに行きたくなったようだ。一人でベッドを離れ、歩行補助器でトイレへ行こうとして倒れたのだ。瑠美子のパジャマが、柔らかい便でぐっしょりと濡れていた。伸一はすぐに風呂の湯を温め、瑠美子を抱きかかえるように歩行補助機で浴室まで連れていった。温かいシャワーできれいに汚れを流し、瑠美子を湯船に入れる。湯船で身体が温まり始めると、瑠美子の顔がほっとしたような安どの表情になった。

「怪我がなくて良かった。便もたくさん出てよかった」

伸一は手を合わせ、天に感謝した。次の日から伸一は、一階のリビングルームにある瑠美子のベッドの横に布団を敷き、寝ることにした。

六月一日、伸一が会社から夜七時頃に帰宅すると、自宅には明かりがついているのに、瑠美子の姿がリビングルームにない。二階や風呂場、トイレを探すがどこにもいない。急に不安になった、家の中に瑠美子がいないのだ。思わず大きな声で「瑠美子ー」と叫んだが返事はない。不安を抑えることができない。

ふと、窓明かりに照らされた暗い庭先を見ると、そこに瑠美子がいた。

「瑠美子、何しているの！」

伸一は外のウッドデッキに出て、大きな声で呼びかけた。瑠美子はしとしと雨が降っている庭で、ホースを使って植木に水を撒いていたのだ。レインコートも着ず、傘もささずに立っていた。思わず瑠美子に駆け寄り、しっかり抱きしめた。

「怪我もせず、無事でいてくれた」

ウッドデッキから庭へ降りるには、朽ちてガタのきている木製の階段を、三段降りなければならない。

「ふらつく足取りで、よく倒れもせずに庭まで降りられたものだ」と思った。

瑠美子の身体は、雨と夜の気温にさらされ冷え切っていた。夜の小雨降る中、庭の植木に水を撒く尋常でない妻の姿に、伸一は身震いした。

「これはもうだめだ。一人で家においておけない」

瑠美子を自宅で最後まで看病してやりたい、そう決心していたが、病状悪化のスピードにはもはやついていけない。自分の無力さと、今後何が起こるか分からない恐れに、夜も眠れなくなった。

「このままでは、自分が鬱の状態になってしまう」伸一の不安は増すばかりだった。

六日十三日の朝四時頃、ベッドの中の瑠美子がゴソゴソしだした。きっとのどが渇いたのだろうと、ゼリー飲料を飲ませようと起き上がった。薄暗い中で私と分かると、瑠美子は嬉しそうに微笑み、伸一の首に手を回して顔を近づけてきた。

「嬉しい……」

伸一は予期せぬ瑠美子の行動に思わず心でつぶやき、涙で頬を濡らした。

翌日の朝六時頃にトイレに連れていき、用を済ませもう一度ベッドに寝かせる。横になった瑠美子と目が合った。伸一は顔を寄せて「伸ちゃんです」と言うと、嬉しそうな顔をして頬にキスをしてくれた。

「伸ちゃんは瑠美ちゃんが好きだよ」と言うと、「瑠美子も好きだよ」と答えてくれた。これが、二人で楽しくコミュニケーションできた最後の機会だったように思う。

六月末頃から、伸一が大きな声で話さないと瑠美子には聞こえ辛くなった。瑠美子が話すこともめっきりなくなった。ある時、伸一が言ったことが聞こえないのか、身振りで書くそぶりをした。「ノートに文章を書いてくれ」という意味だった。伸一が話したいことをノートに書くと、瑠美子は少なからず理解することができた。

「もっと早く気づくべきだった」

伸一は悔やんだ。こうして、伝えたいことを文章にすることで、かろうじてコミュニケーションをとることができた。もっと瑠美子の気持ちに寄り添わなければいけなかった。また、瑠美子が伸一の瞳をじっと見つめることが少なくなった。五月中旬以降の病状の急激な悪化は、医師からもインターネットからも知り得ない事態だった。伸一はこれからどんな状況になっていくのか、恐ろしさを感じ始めていた。

食事の時間が、さらに長くなった。咀嚼する力が弱ってきたことと、嚥下する力がさらに衰えてきた証拠だ。食事は二時間かけても終わらない。料理の中にある胡椒の黒い小さい粒を虫と勘違いするのか、一所懸命に皿からその粒を取ろうとする。食事の量も通常の四分の一と少なく、体重がみるみる減っていく。四月初めに50kgあった体重が、七月初めには40kgを割っていた。テニスをしていた頃の瑠美子の体重は、優に60kgを超えていたはずだ。

伸一は入浴時に瑠美子の体重を計っていたが、だんだんと計測するのが怖くなってきた。しかし、何より悲しかったのは、瑠美子の表情が乏しくなり、笑顔を見せなくなったことだ。瑠美子の笑顔の魅力は、首をすこし相手の方に伸ばし、笑顔で話しかけるようにするしぐさにあった。気さくで少しおどけたような、何とも言えない、柔和で優しい笑顔――。

病気とは言え、自分がもっとも愛する人が表情を失い、日々弱っていくことを目の当たりにすることほど辛いことはなかった。

第四章　闘病

五本松公園の散歩――二〇一七年六月

伸一は食品輸入商社を定年退職してから、瑠美子と二人でがんとの闘いに専念してきた。手術後、病状が安定していた頃に、医療機器の研究開発会社を経営する知人から連絡が入った。知人は伸一が卒業した高校の八つ下の後輩で、西川靖史と言った。「会社の人事制度を作る手伝いをして欲しい」と自宅のパソコンにメールが入っていた。

瑠美子の闘病のサポートに専念している時だったので、本来は断るべきだった。しかし彼とは、高校同窓会の関東支部で長年一緒に尽力してきた仲で、会社は小さいが将来的に上場を目指す後輩の求めを無下には断れなかった。伸一は前の会社で、グループ会社も含め数社の人事・給与制度を作った経験があった。そこで、自宅で作成することを条件に、彼の要請を引き受けた。

このことが縁で、翌二〇一六年七月には西川社長の会社の監査役に就任することになった。常勤監査役として週に三日ほどの出社だ。会社は横浜駅から地下鉄で二十分の場所にあり、我孫子市の自宅から通勤に二時間半かかった。瑠美子も術後は、通常の生活を送れるようになっていたので、伸一が勤めだすことを快く思っている様子だった。四十年近く自宅で一人、自分のペースで家事をやって来た。伸一が会社を退職して毎日家にいることに、まだ慣れていなかったのかもしれない。

伸一の仕事は監査役としての役割と、社長から求められる経営上の相談に対してアドバイスすることだった。二〇一七年五月までは週三日のペースで出社していたが、瑠美子の病状が悪化してからは週二日になった。

しかし、これでは監査役の役割を充分に果たせず、株主に申し訳ないと考え、常勤監査役から非常勤の監査役に変えてもらうよう願い出て、承認された。非常勤の監査役に就任した七月からは、月に一、二日のペースで出社するようになった。取締役会と監査役会、その他重要な会議が開かれる日だけ出社していた。

瑠美子の病状は、四月から六月にかけて急激に悪化していった。

がん患者を持つ家族は、それぞれ違った苦労を持つと思う。人によって症状が違うし、患者の感受性も違うので、患者の数だけの闘病生活があるだろう。瑠美子は当初、頭の痛みを訴えたが、脳の機能が侵され始めてからは痛みを訴えなくなった。しかし、脳機能障害は恐ろしかった。初めは複視の症状が出て、徐々に歩行が困難になった。食事の嚥下が難しくなり、話せなくなった。最後には顔の表情も出なくなった。

インターネットで、がん性髄膜炎の症状の進行状況が詳しく書かれた本や参考文献を探したが、見つけることができなかった。症状の進行を十分理解していなかった伸一は、対策が後手後手に回った。

伸一は後悔した。

「もっと早く、会社の仕事を減らしておくべきだった」

「会社へ行っている間、瑠美子はどんなに心細かったことだろう」

出社する時は、昼食を準備し、昼時刻に会社から電話を自宅に入れて無事を確認する。四月頃までは、期待した通りに朝昼を兼ねたご飯を食べてくれていたが、五月に入ると昼にかける携帯電話の音でベッドから起きるようになった。

五月中旬からは、亡くなったケンの話を良くするようになる。

「ケンちゃんはどこ？」

「ケンは亡くなっているよ」伸一がそう言うと、

「今そこにいたでしょ！」

記憶や判断を担う脳の領域が、がん細胞の影響を受けていた。

六月に入ると、訪問介護を依頼しないと家を離れることができなくなった。自宅にいる時は、晴れていれば毎日散歩に連れて出かけた。車で五分の五本松公園へよく出かけた。そこは沼沿いにある小高い丘の林の中にあり、園内にはキャンプ場と野外遊具も備えられていた。

公園の木々は空高く幹を伸ばし、枝を張っていて、日中でも薄暗かった。夏は木々の葉が太陽の光を遮り、沼から吹き上がってくる風が林の中で冷やされ、涼しかった。

午後二時過ぎになると、二人は熱い紅茶とおやつを持って五本松公園に出かけた。自宅の玄関を出ると、すぐに三段と十九段の階段を降りなければならない。運動神経に障害が出ていた瑠美子は、階段を降りるのを不安がった。瑠美子の左手に手すりを持たせ、伸一が右側から支えた。一段一段、片足ずつ時間をかけて駐車場まで降りる。瑠美子は車の助手席に座ると、不安がなくなるのか笑顔に戻り、これからの散歩を期待する表情になった。

公園の駐車場は車を二十台ほど停められる広さで、いつも待つことなく停められた。六月初旬でも林を抜ける風が涼しいため、瑠美子にはウインドブレーカーを着せた。駐車場のすぐ横の公園を、ウォーキングポールを持ち、ゆっくり奥に向かって歩く。

鬱蒼とした公園は、杉の木立が細い小道沿いに続いており、所どころ背の高い桜の木も植わっている。春は花見で賑わい、桜の下で家族連れが食事を楽しむ。幅１ｍほどの小道はコンクリートで整えられており、足元がおぼつかない瑠美子にとって、平らなその道は歩きやすかった。

ゆっくり十分ほど歩くと、公園の奥にある東屋《あずまや》に着く。なだらかな丘の一番上に位置し、木立を通して手賀沼が見えた。東西に細長く臨む手賀沼は午後の陽光に照らされ、きらきらと明るく光っている。薄暗い林を通り抜けてたどり着く照り輝く沼は、二人の心を明るくしてくれた。東屋には、背もたれのない木製のベンチが四つ置かれている。二人はいつも、南を向いて座る北側のベンチを選んだ。東側のベンチは、木立の向こうの沼の照り返しがまぶしかった。

家から持参したおやつを瑠美子に渡し、熱い紅茶をカップに注ぎベンチの上に置く。おやつはのどの通りが良い、柔らかなプリンやチョコレート菓子などだった。瑠美子は小さいスプーンでプリンをすくい、口に運びゆっくり嚥下していく。そのあと、熱い紅茶を美味しそうに飲む。伸一は瑠美子のこの瞬間の笑顔を見るのが好きだった。彼女の微笑みは、いつも伸一の心に希望を抱かせた。

伸一は自分が亡くなった場合の、墓のことを話した。瑠美子の病状を考えると、先が長いとは考えられない。彼女の考えを確認しておきたかった。

「僕は死んだら、海に散骨してもらいたいと考えているんだ」

「女性は樹木葬と言って、大きな樹の周りにお骨を埋めてもらう人も多いんだって」

そう伝えると瑠美子は、

「私も樹木葬がいいわ」

静かに、しかしすぐに答えた。

高山家の墓は、伸一の兄が住む広島の福山市にある。兵庫県加西市北条町にあった、先祖代々の墓を移したのだ。伸一の父、常雄もその墓に入っている。子供がいない伸一たちは、その高山家の墓に入るしかないのだろうか。というのも、二人には墓を守ってくれる者がいないからだ。

だが伸一は、自分たちが過ごした手賀沼の近くで瑠美子と眠りたかった。参ってくれる人がいなくなれば、それはそれでよい。高山家の末裔が墓に参ってくれなくとも、住み慣れた手賀沼の土地で骨を自然に返し、眠りたい。もし可能であれば、ケンの骨を埋めた自宅の庭の土をそこへ持っていき、二人の名前とケンの名前を墓石に刻んでもらうのが一番だ。瑠美子も伸一の話を聞き、遠い福山の知らない土地に埋葬されるより、手賀沼近辺の樹木葬が良いと思ったのだろうか。

次の日も、五本松公園へ散歩に出かけた。伸一は東屋のベンチに座り瑠美子に話しかけた。瑠美子の脳がまだ正常に判断できる間に、どうしても言っておきたいことと、聞いておきたいことがあった。

「僕は瑠美子と結婚して、本当に幸せだよ」

午後の五本松公園は静寂そのもので、手賀沼から吹き上げてくる風が二人を包んだ。

「生まれ変わっても、僕は瑠美子ともう一度結婚したいよ」

伸一はそう伝えた。

少し間を置き、

「瑠美子はどう思う？」伸一は聞いた。

沈黙が少し続いたのち、

「うーん、分からない」瑠美子はそれだけ言った。

普段から瑠美子は、伸一に決して嘘をつかない。この返答はノーでもイエスでもない、瑠美子の本音の言葉と伸一は思った。伸一はそれ以上尋ねなかった。

なぜなら伸一の気持ちだけは、しっかり瑠美子には伝えることができたのだから。

緩和ケア病棟への入院

瑠美子は五月下旬頃から食べ物をかむ力、嚥下する能力が極端に落ちていった。七月に入り、夕食後に伸一が瑠美子の歯磨きをしていると、口の中から繊維質の固まりが出てきた。午後三時に食べたメロンを呑み込めずに、口の中にその繊維質だけが残っていたのだ。

「のどを詰まらせなくて良かった！」伸一は思った。

この頃から、食事は飲み込みやすいお粥を中心にし、プラスして栄養価の高いチーズを小さく切って食べさせていた。ベビーフードも活用した。自宅で絞るニンジン・果物ジュースは、スプーンで少しずつ飲んでくれた。しかし、訪問看護の渋川医師に処方された栄養価の高い液体飲料は、口に合わずほとんど飲まなかった。

瑠美子の横に座り、お粥をすくい少しずつ食べさせていたが、その流動的な食事もほとんど摂れなくなった。スプーンで口に入れても、唇の端からこぼれ落ちてしまう。二時間かけても、胃に食事が入っていかない。

「このままでは、栄養が足りずに死んでしまう」

伸一は渋川医師に状況を報告し、自宅で点滴を開始することにした。毎日看護師が自宅に来て、５００ccの点滴を行ってくれた。点滴を終えるのに三時間ほどかかる。訪問看護師は長くいることができないので、点滴の針を抜くのは伸一が行う。

しかし、伸一はこの頃から、自宅での看護に限界を感じ始めていた。

一般に末期のがん患者は、痛みやがん特有の症状が出るが、意識ははっきりしている場合が多い。しかし、瑠美子の場合は脳の髄膜に薄く広がったがん細胞が、脳の機能をむしばむことで意識が朦朧としてきており、話すことも歩くこともできなくなっていた。もちろん一人でトイレに行くことや、風呂に入ることもできない。恐ろしいほど急速な病状の進行だった。

「これが、がん性髄膜炎の現実なのか」伸一は自分の考えの甘さに唇をかんだ。

「最後は必ず自宅で看取ってやりたい」そう決めて在宅看護を始めたが、がん性髄膜炎による病状の進行の速さは、その覚悟を大きく揺さぶっていた。

同時に伸一の看病疲れも限界に近づいていた。精神的にも追い込まれ、夜も心配で眠れなくなる。だが、他の誰かに看病を代わってもらうことはできない。

「瑠美子を看病できるのは自分しかいない」

結婚して以来、伸一に尽くしてくれたことに比べれば、申し訳ないほどの尽力だった。

そして、「瑠美子を守るのは自分しかいない」この想いが、伸一の気持ちを何とか支えていた。しかし床についても、今後の瑠美子の病状の行く末を考えると眠れなかった。「このままでは自分が鬱状態になるかもしれない」初めて経験する大きな不安に、対処する術を知らなかった。

「最後まで自宅で看てやりたい」そう覚悟を決めていたが、日々心が不安定になっていき、その覚悟が粉々に砕かれていくように感じていた。この状況を渋川医師に相談し、瑠美子の緩和ケア病棟への入院を決断した。

もし、緩和ケア病棟に入院するならこの病院、と伸一は心に決めていた。そこは自宅から車で十分ほどの場所にあった。瑠美子の緩和ケアについて相談したことがきっかけで、ケアマネージャーが緩和ケア病棟のパンフレットを持ってきてくれていた病院だった。その評判を知りたくて、訪問看護師にその病院の名を言うと、

「緩和ケア病棟の松本医師は、とても良い先生ですよ」と教えてくれた。

以前、彼女が緩和ケアのセミナーを受けた時、その講師が松本医師だった。講演での話と態度に好感を持ったと言う。また、訪問介護の主任も松本医師を知っていて、誠実な人柄をほめていた。

「このままでは、瑠美子を守れない」「自分か、瑠美子のどちらかが倒れる」

そう考えた伸一は、もらっていたパンフレットの病院に電話を掛けた。すぐに電話は通

じた。対応したのは病院のソーシャルワーカーだったが、伸一はその人の受け答えに好感を持った。伸一の問いをしっかり聞いてくれて、適切な答えが返ってくる。直感的に「この病院なら瑠美子を任せられる」と感じ、すぐに必要書類を病院へ取りに行くことを告げた。

病院に向かう車の中で、伸一は思っていた。客に対して真摯に応対する組織は、「お客様第一主義を知っている」。四十年余の会社勤めを通じて、伸一はこのような考えを持っていた。「社員の客への応対ぶりで、信頼度を推し量ることができる」お客の大切さを知っている会社は、お客への応対をおろそかにしないからだ。

伸一が病院に着いた時、そのソーシャルワーカーが玄関口まで出てきてくれているのが見えた。手には必要書類を持っていた。伸一の電話口での切羽詰まった声に、緊急性を感じてくれたのであろう。その病院は五階建ての立派な造りだった。建物の本館には一般病床と療養病床がある。その南隣の別棟三階に、独立して緩和ケア病棟があった。

自宅に戻り手渡された書類に目を通し、必要事項を記入しながら思った。

「患者にとって緩和ケア病棟に入院することとは、何を意味するのだろうか？」

伸一は悩んでいた。本人に説明もなく、いきなり緩和ケア病棟に入院させることは気が引けた。いくら瑠美子の意識がはっきりしていないにしても、何らかの説明と瑠美子の心の準備が必要だと思った。「自分が瑠美子の立場なら、入院する前に言って欲しい」最後になるかもしれない自宅での生活を、自分なりに味わいたいと思うだろう。

翌日、病院のソーシャルワーカーに電話をかけ、入院の手続きを進めたい旨を伝えた。入院前に、緩和ケア病棟の責任者である松本医師と面談があると言う。患者が緩和ケア病棟に入院できる対象であるかどうか、判断する面談だ。伸一はできる限り早い時期の面談を、ソーシャルワーカーにお願いした。

松本医師の姿を初めて目にしたのは、翌七月十四日、病院のソーシャルワーカーに連れられて、総合受付から緩和ケア病棟へ向かう時だった。

病院本館の南へ続く廊下を進み、緩和ケア病棟に近い出入り口を抜けると、ステーションワゴンタイプの黒い車が停まっていた。そばに恰幅の良い白服を着た男性と、十名ほどの看護師が立っている。すぐに、それが厳かな別れの場面であると悟った。

ソーシャルワーカーと伸一は、その場で立ち止まった。静かに車が動き出すと、白服の男性と看護師たちは深々と頭を下げた。伸一もそれにならって頭を下げた。時間は数秒ほどだった。

「緩和ケア病棟の患者が、旅立たれたのだ」伸一は思った。

ソーシャルワーカーと二人で、緩和ケア病棟のエレベーターに乗ると、ドアが閉まる寸前に、先ほどの恰幅の良い白服の男性が乗り込んできた。

「きっとこの方が、松本医師なのでは？」と感じた。

緩和ケア病棟の受付に面談のための必要書類を提出し、医師と看護師長を待った。

伸一は受付の前にある大きな明るいベージュ色のソファに座り、病棟の中を静かに観察した。グランドピアノがソファのすぐ横に置かれていた。病棟の空間の主役が、そのピアノであるかのようだった。病棟の内装は温かい雰囲気を醸しだすよう、木目の色調でまとめられている。廊下はベージュ色の木目のリノリウムが貼られていて、歩いても床の硬さを感じさせないようになっている。壁は床から90㎝くらいの高さまで、濃い茶色の木目の素材が貼られており、その上の壁はクリーム色に仕上げられていた。

フロアの真ん中に中庭があり、四方の窓から夏の青い空が見えた。中庭にはペチュニアやナデシコなどの草花が園芸用の鉢に植えられ、紫や白、赤やピンク色の小さな花を咲かせている。廊下にも観葉植物が数種類置かれ、自然の植物の緑色が心を落ち着かせ、病棟というよりはホテルのロビーにいるような気分になった。廊下を白い服を着た看護師が忙しそうに歩くのを見て、ここが病棟であることを思い出すほどだった。

数分して、先ほど見た恰幅の良い男性と看護師長が現れた。やはり黒い車を見送っていた男性は松本医師だった。背丈は175㎝、年齢は五十歳過ぎだろうか。肩幅が広く胸板も厚い。恰幅の良い印象はそこから来ているのかもしれない。柔和な顔だが、医師としての経験と自信が表情に現れていた。おそらく医師としての使命と覚悟を、しっかり持っているのだろう。

「この方なら、瑠美子を安心して任せることができるかもしれない」伸一はそう思った。

松本医師は伸一の提出した書類に目を通しながら、瑠美子の病状を確認していった。表情が穏やかで、接する人に安心感を与える。伸一も会ったその時から、この医師に親近感を持った。そもそも治療とは、医師が患者や患者の家族と信頼関係を築くことが、最初の一歩ではないだろうか？

伸一は瑠美子の病状を詳しく説明し、できる限り早い入院を希望した。松本医師は最後まで言葉を挟まず、伸一の話を聞いた。聞き終えると、そばにいる看護師長に最短で入院できる日取りを聞いた。部屋は空いているようだが、連休や受け入れ準備もあり四日後の七月十八日に決まった。

「良かった！　これで、瑠美子も自分も助かった」

伸一は大きく息を吸った後、細く長い息を吐いた。安どの吐息だった。

入院が四日後に決まり、伸一は夕食後、瑠美子に緩和ケア病棟のパンフレットを手渡した。

「瑠美ちゃん、今度ここに入院するよ。伸ちゃん一人で、瑠美ちゃんの世話をすることができなくなったんだ」

話の意味を理解したのかどうかは分からない。瑠美子は静かに、その小さなパンフレットに目をやった。緩和ケア病棟の文字を識別できたかどうかもわからない。しかし、パンフレットを見つめる眼は、少し寂しそうに見えた。

緩和ケア病棟に入院できる患者は、がんを患い、強い痛みなどを持つ患者に限られる。また、入院しても積極的な抗がん治療を行わないことになっている。伸一は緩和ケア病棟へ瑠美子を入院させることに抵抗があった。積極的な抗がん治療を行わないということは、そこで瑠美子の終末を静かに待つことになり、そうした対応に希望を見いだせなかった。しかし、刻一刻と悪化していく病状に追い立てられ、選択肢はなくなっていた。

「患者にとって、緩和ケア病棟に入院することは、何を意味するのだろうか？」もう一度、伸一は考えた。患者にとって緩和ケア病棟に入院するということは、「自分の死が近い」ことを意味するのではないか？

瑠美子の少し寂しそうな眼は、そのことを理解したからだろうか？　彼女の気持ちを考えた時、伸一は胸が締め付けられるような強い悲しみを覚えた。

瑠美子は六月後半から公園への散歩ができなくなった。自宅玄関先の階段を降りることを怖がり、足が動かない。いくら伸一が横に立ち瑠美子を支えても、階段を降りることができなかった。六月初旬から始まった庭のウッドデッキを新しくする工事が、七月初めに完成した。外の散歩ができなくなった瑠美子を、新たに作ったウッドデッキで歩行補助器を使って歩かせるためだ。少しでも筋力を維持させたいという思いからだった。

ウッドデッキは４ｍ×８ｍと広く、ゆっくり楕円を描くように瑠美子を歩かせた。天気が良ければ、朝食を庭のウッドデッキで取るようにした。

デッキの南側からは手賀沼が臨め、瑠美子の気分転換に最適だった。デッキの東側は山の斜面の木々に面しており、庭の草花も身近に楽しむことができた。花の好きな瑠美子は、色とりどりの草花を買ってきては庭に植えていた。それらは、赤やオレンジ色、紫色の綺麗な花を咲かせ、瑠美子に向かって競うように咲き誇っていた。

朝も八時を過ぎると、七月の中頃はもう日差しがきつくなる。デッキで木陰になる場所にテーブルを移し、ジュースを瑠美子の口にスプーンで運ぶ。

「瑠美ちゃん、搾りたてのニンジン・野菜ジュースだよ」

伸一がスプーンで口元に運ぶが、上手く飲め込めない。瑠美子の薄い唇の端からジュースがこぼれる。そのため、首周りには大きなエプロンをつけていた。瑠美子の右目は大きく見開いているが、もう片方は同じように開かない。口にジュースをすこし含み、眼は庭の緑をじっと見ている。

彼女の足元には、いつも周囲六か所に、蚊取り線香を置いていた。庭のやぶ蚊は強烈で、刺されると赤くはれ上がる。伸一は自分の肌にとまった蚊を払えるが、瑠美子はそうはいかない。彼女は少し煙たそうな顔をして、目をしばたたかせた。

こうして庭で朝食をとれるのも、あと三日だ。できれば自宅で瑠美子を看病したかった。

「瑠美子の意識が、もう少ししっかりしていれば可能なのに」

しかし、現実を受け入れなければ前に進めない。患者の状態によって、それぞれ看病の

仕方が違ってくる。現状を考えれば、

「瑠美子にとって最善の選択は、緩和ケア病棟に入院することだ」

伸一は、そう自分に言い聞かせた。

瑠美子はサケの身が入ったお粥をすこし食べ、チーズをひとかけら口に入れて朝食は終わった。部屋に入る前にもう一度、歩行補助器を使ってウッドデッキを十周、ゆっくり円を描くように歩いた。自宅にいる最後まで、瑠美子の足腰が弱ることを防ぎたかった。

入院に際して用意するものは、多くなかった。旅行バッグ二つに衣類を詰め込み、明日朝の入院に備えた。

翌朝九時前に、訪問介護の車が瑠美子を迎えに来てくれた。玄関で車いすに乗せ、二十二段の階段を車の運転手と伸一の二人で抱えて降りた。たった二人で降ろせるほど、瑠美子の体重は減っていた。車いすごと福祉車両に乗せ、動かないよう固定する。伸一も一緒に補助席に座り、車いすが揺れないよう瑠美子を支えた。

緩和ケア病棟のある病院まで、車はゆっくり走る、大切な人を運ぶように。普段走らない道を車は進んでいく。ゆっくり走っても、車いすに乗った瑠美子は揺さぶられる。車いすを支えている伸一は、「大丈夫だよ、僕が一緒だよ」と耳元で声を掛ける。それでも十五分ほどの間、揺れる車内で瑠美子の顔は落ち着きがなく不安そうだった。

その瑠美子の横顔を見て伸一は、申し訳ない思いに駆られた。

「ごめんね、瑠美ちゃん」

心で謝りながら、しっかりと瑠美子の手を握りしめた。

緩和ケア病棟での看病

入院して伸一が一番助かったのは、瑠美子の食事だった。

自宅で看病している時は、毎回料理を作るのに小一時間かかった。栄養の偏りがないよう、食材を選ぶのにも苦労した。栄養のバランスが良く、免疫力が上がるような食事作りをいつも心掛けていた。

しかし、瑠美子が病気になるまで、伸一は料理を作ったことはなかった。ご飯の炊き方、調味料の置き場所、鍋や器の保管場所など戸惑うことばかりだった。ゴミ出しカレンダーもチェックし、ゴミ出しルールを覚えていった。

「家事も仕事と同じで、経験しながら学び、工夫することが大切だ」伸一は苦労しつつ、日々改善を重ねた。

入院してからの瑠美子の食事は朝と夕の二回で、自宅と同じだった。普通食ではなくペースト状の食事を頼んだ。病院では患者の病状によって、カロリーを摂取する方法も違っていた。瑠美子は二回のペースト状の食事と、５００ccの点滴でスタートした。食事は主食、副食二品、野菜、デザートがあり、すべてペースト状になっている。ゆっくり、ゆっくり時間をかけ、彼女の口にスプーンでそのペースト状の食べ物を運んだ。

「ホウレンソウのソテーだよ」スプーンの端にほんの少しのせ、唇を開け舌の上に滑り込ませる。しかし、瑠美子は嚥下する力がほとんど残ってないため、すぐに唇の横からこぼしてしまう。一時間以上かけても、大きいスプーンに二杯も胃に入っていない。毎食後、看護師に食べた量を報告しながら「このままでは栄養が足りなくなる」伸一は思った。500ccの点滴はカロリーに直すと、150Kcalにも満たない。

「口から食べられる時期は終わったかもしれない」

間違って食べ物が食道へ入らず、気管に入ってしまえば肺炎になる可能性もある。

松本医師に相談すると、鼻からチューブを胃に入れ、流動栄養液を注入する経管栄養法を提案された。そして、次の日からすぐ変更となった。

緩和ケア病棟に入院して伸一は驚いた。患者の病状のどんな変化にも、看護師たちはてきぱきと対処していく。病院も体制を整え、医師と看護師をサポートしていく。自宅で自分が看病していれば、到底できないことばかりだった。

伸一は自分の役割は何かを、改めて考えてみた。自宅にいる時は、食事の献立を考え料理を作る。食事の補助、トイレや入浴の介助。さらに、歩行補助器による運動、訪問看護と訪問介護のスケジュール管理など、瑠美子が生きていくのに必要な全ての段取りと補助が、伸一の仕事だった。しかし入院すると、医療・食事・入浴などすべてを、医師・看護師チームが担ってくれる。

そうした状況下で、真夜中の看護師への吸引依頼は、伸一の重要な仕事の一つになった。瑠美子は唾液と痰がのどの奥にたまり、吐き出すことも嚥下することもできない。それらが誤って気管に入ると、肺炎になる恐れもある。嚥下が上手くできない患者が、誤嚥性肺炎で亡くなるケースが少なくないのも、このような理由があるからかもしれない。伸一がずっと病室で寝泊まりを続ける理由は、そこにあった。たとえ伸一が自宅に戻って寝ることになっても、心配で眠ることはできなかっただろう。

瑠美子を事故や誤嚥による肺炎から守り、免疫力を上げながら看病を続ける。そして病からの快復。これが切実な望みだった。他人から見れば、現実離れした望みと思われるだろうが、看病する家族が真に願うのは、愛する人の快復である。たとえ、その可能性が万分の一であったとしても、その可能性を信じるからこそ、看病する人の精神状態は平静を保たれ、看病を続けることができるのだ。

「強い意志と楽観主義」伸一の若い頃からの信条だ。自分の人生は自分が切り拓く。自分が人生の主人公だから、精一杯に生き抜こう、やり遂げよう。後で後悔しないために。伸一は中学、高校、大学の運動系のクラブ活動を通じて、この信条を実践してきた。会社に入社して定年を迎えた今も、この考えは変わらなかった。

「何としても瑠美子の免疫力を上げ、がん細胞をやっつける」自分の生活の１００％を、瑠美子の看病のために捧げていた。

瑠美子を守るために、いくつか留意することがあった。まず、伸一が外出から病室に戻り、瑠美子の身体やベッドに触れる前には、必ず手を薬用せっけんで洗浄するようにした。手を清潔にしていないと、免疫力の落ちている彼女を風邪などの病気にさせてしまう恐れがあるからだ。

また、室内の温度と湿度管理も重要だ。室内の天井には、埋め込み式のエアコンが設置されている。冷暖房の切り替えで温度は管理できるが、湿度調整はできない。冬場の湿度は加湿器で調整しなければならない。冬の季節は、晴れれば湿度が低くなる。室内のエアコンだけでは、湿度は30％くらいまで下がってしまうが、冬の適切な室内の湿度は40～50％だと言われる。瑠美子は口からの呼吸なので、湿度30％では口内がカラカラに乾いてしまう。

そこで伸一は、自宅で使っていた加湿機能付きの空気清浄器を病室に持ち込んだ。これを使い病室のドアを閉めると、湿度を45～50％に保つことができた。空気清浄機に取り付けられている加湿用給水タンクの２ℓの水は、六時間ほどでなくなる。それほど、秋から冬の病室は乾燥していた。

伸一にとっては、口内清浄も看病における大切な仕事になっていた。口呼吸だと室内湿度を50％に保っていても、口内の上あごの皮膚が乾燥して剥がれてくる。放置すると、剥がれた皮膚が重なり合って固まり、1㎝×1・5㎝くらいの大きさになることがある。適時取り除かないと、のどの奥に入ってしまう危険があった。これが気管の入り口付近に行ったら、不都合を起こしかねない。

そこで伸一は朝夕、必ず瑠美子の口内の清浄を行った。スポンジが棒の先に付いた口内清浄用スポンジブラシと、舌苔などを取る柔らかい専用ブラシも活用した。それでも三日に一度は、看護師に口内清浄をお願いし、清潔にしてもらった。伸一と違って、彼女たちは徹底してきれいにしてくれる。身内は、「これ以上すると苦しいのではないか」などと患者のことを思いやって、徹底できないところがあった。

今の瑠美子は、自分でベッドから起きることも、身体を横に向けることもできない。もちろん、ナースコールのボタンを押すこともできない。できることと言えば、手の指を動かすことと、足の膝を時々少し立てるくらいだった。

ベッドで寝たきり状態が続くと、身体が固まってしまう。伸一は朝のおむつ替えが終わる午前五時過ぎと、夕方、午後四時頃の二回、ベッドで瑠美子の腕、肩と股関節を柔らかくする運動を行っていた。ベッドの片方の転落防止柵を外し、瑠美子の腕を持ち、肩を支点にゆっくり回して、固くなった肩を少しずつほぐしていく。腕もひじの関節を曲げて柔らかくする。瑠美子は右ひじの曲がりが悪く、九十度くらいしか曲がらない。それでも時間をかけ、柔らかくしていく。

左右の腕と肩をほぐしたら、次は股関節だ。伸一は右ひざをベッドに乗せ、右手で瑠美子の右足のかかとを持つ。左手を右足の膝関節に当て、膝関節から右足をたたむようにして、右足を瑠美子の身体に押し付けていく。これを何回か繰り返し、今度は股関節を中心にして、右太ももをゆっくり回していく。右回しを何回か行い、今度は左回しだ。

股関節の回転がすむと、次にベッドの横に立ち、瑠美子の右足の足首を持って、足を延ばしたまま、ゆっくり九十度の角度まで足首を持ちあげる。やり始めは六十度くらいまでしか上がらなかった。しかし、毎日朝夕続けていくうちに、九十度近くまで上がるようになった。今では伸一より柔らかくなっているかもしれない。「毎日の運動の効果は大きい」今更ながら、継続することの大切さを感じる。

また午前中に一時間ほど、必ず車いすに乗せることにしていた。看護師に手伝ってもらい、午前のおむつ替えが終わる十時前に、ベッドから車いすへ移動させる。この時は瑠美子に眼鏡をかけてあげる。病衣の上にカーディガンを着せ、寒くないよう足元にはウールのひざ掛けを巻き、さらに腰から胸元にタオルケットを巻き付ける。

そして、部屋を出る前にいつも髪をとかし、「きれいになったよ、瑠美ちゃん」と声をかけ、緩和ケア病棟のフロアを車いすに乗せて回遊する。座る姿勢にして、脊椎で頭を支えることとは、瑠美子を覚醒させるために有効だと考えていた。

緩和ケア病棟のフロアの真ん中には、南北に10ｍ、東西に６ｍほどの中庭がある。その中庭を、ロの字型に廊下が取り囲んでいた。廊下と中庭は、大きなガラス戸で仕切られている。床上30㎝から天井までの大きなガラス戸だ。中庭には色とりどりの花がプランターに植えられ、赤やピンク色が、暗くなりがちな病院の生活にアクセントを与えてくれた。広くない病室で寝たまま過ごす瑠美子にとって、開放感のある廊下と中庭に出ることは、気分転換になっているに違いない。緩和ケア病棟は建物の最上階にあたる三階なので、中庭からは空を眺めることができた。青く大きな空が天高く広がっている。晴れていれば、太陽の光が中庭と廊下に燦々と降り注ぎ、気持ちを明るくした。

伸一は、太陽の光が斜めから瑠美子の身体に射す場所に車いすを停め、顔に直接日光が当たらないよう気を配る。日焼けを気にしていた瑠美子への配慮だ。車いすを固定し、瑠美子の足を床に置く。そして腕と肩の運動を始める。腕を、肩を支点にしてゆっくり回し、身体を柔らかくしていく。左右の腕と肩をほぐしてから、首筋と肩を優しくマッサージしていく。

自分が瑠美子の立場であれば、やって欲しいと思うことを、全てしてやりたいと考えていた。瑠美子は目を開けているが、表情はない。そのことは寂しいが、必ず瑠美子は分かっている。彼女のために伸一が、一所懸命にやっていることを。

伸一は、自分自身の食事にも気を付けた。彼女が入院してからの食事は、主にコンビニの弁当とパンに頼ることになったが、食品添加物の使用を最小限にするよう努めているコンビニチェーンを選んで利用した。

「健康の基本は食にあり」瑠美子が病気になり食事療法を始めてから、食品添加物の少ない食品を選んで食べていた。コンビニ弁当だけでは栄養が偏ると考え、毎回、生野菜を摂るようにしていた。野菜はコンビニで袋入りの洗わずに食べられる野菜を三種類購入し、朝・昼・夜の三食にそれぞれを取り分けて食べた。

病室でも伸一は、自分自身の健康のために、三十数年来続けてきた運動を怠らなかった。四種類の柔軟運動を十分かけて行い、3kgの鉄アレイを使った筋力運動二種類を五分かけて行う。鉄アレイを使う運動の時に、プラスチック製の足裏を刺激する突起が着いた踏み台（青竹踏み）を同時に踏んだ。身体的な運動で負荷をかけることが、伸一の精神を落ち着かせた。長期間の看病を続けるためには、看病する者も身体的・精神的な健康を維持しなければと心に決めていた。

朋有り、遠方より来る

緩和ケア病棟に入院してすぐ、瑠美子の病状と入院を連絡した人がいた。北海道函館市の南茅部地区に住む大橋友恵だ。

彼女は、伸一が学生時代のラグビー部で世話になった、朗らかで優しく面倒見の良い女性だ。当時は、函館にある短期大学の学生だった。伸一たちのラグビーの試合の応援に友人たちとよく来てくれ、それは彼女たちの先輩の時代から続くものだった。

嬉しいことに応援に来る時は、冷たい飲み物やカットしたレモン、おにぎりなど、必ず差し入れを持ってきてくれた。ラグビーのチームは十五人なので、補欠を入れると人数は多くなる。きっと朝早くから、差し入れの準備をしてくれたのだろう。ラグビー部員たちは次第に、友恵らの応援を心待ちにするようになっていた。瑠美子も結婚して札幌に住んだ際、伸一から彼女を紹介され、すぐに親しくなった。

友恵は短大を卒業し、地元で保母さんになった。保育園では持ち前の明るさと優しさ、指導力が認められ、園長まで務めることになる。しかし、六年ほど前に肺腺がんが見つかり、園長の職を辞し闘病に専念していた。瑠美子も肺腺がんを患ってからは、彼女に度々連絡を取るようになった。同じ病気を持つ者同士、絆が深まったのだろう。

伸一は緩和ケア病棟への入院を、電話で友恵に知らせた。緩和ケア病棟へ入院することが、今どういう状態であるかをすぐに理解した彼女は、途中から黙り込み、「瑠美ちゃんに会いたい」と言って泣いた。

「また元気になったら、お願いするね」伸一はなだめた。

彼女は涙声で、「知らせてくれてありがとう」とだけ言って、電話は切れた。

翌日の朝八時過ぎ、携帯電話が鳴った。友恵からだった。

「今、新函館北斗駅から新幹線に乗ったよ、フフフ。病院には、どうやっていけばいい？」

明るく無邪気な声が聞こえてくる。

「参ったな」伸一は思った。瑠美子に会いたい気持ちで、すぐに行動に移せる〝純〟な人を拒めない。人の気持ちのありがたさに、伸一の目頭が熱くなった。

その日の昼、友恵は病室にいた。瑠美子の手を握り、一所懸命話しかけている。「今、手を強く握ったよ。分かるんだ、瑠美子さん」学生時代のままの優しい彼女がそこにいた。

「高山さん、痩せたね」病室で彼女は伸一に語りかけた。学生時代は身長1m72㎝、75kgあった体重が、61kgにまで落ちていた。ラグビーをしていた頃は、筋肉が骨格に厚くついていたが、その頃の体格を知っている友恵だけに、思わず声が出たのだろう。

「この数か月の看病で、５kgほど減ったかな」伸一は答えた。

「瑠美ちゃんは、高山さんの体重が減ることを一番心配するんだよ」自分の闘病時代の経験から、伸一に言い聞かせた。彼女は病院にいる間、ずっと瑠美子に話しかけてくれた。そして、その日の夕方に函館へ戻っていった。

七月二十八日、瑠美子の幼なじみである青木克治から、大きな桃の入った箱が自宅に送られてきた。

「瑠美子の病状を報告していないのに？」伸一は電話で桃のお礼と、瑠美子の緩和ケア病棟への入院を報告した。青木は驚き、「すぐに見舞いに行きたいですが、よろしいですすか」と尋ねてくれた。青木は大阪に住んでいる。幼なじみとはいえ、瑠美子はやせ細った自分の姿を見せたくないのでは？　と伸一は瑠美子の気持ちを考えて、丁重にお見舞いをお断りした。

せっかくいただいたのに、瑠美子は白い大きな桃を食べることができない。伸一はうぶ毛が残る薄い皮を丁寧にむいた。むいた表面に果汁が染み出て、甘く熟した桃の香りが漂う。スプーンで桃の実を掬い取り、小皿の上でスプーンの背側を使って押しつぶしていく。そのたっぷりの果汁をスプーンですくい、瑠美子の口元に運んだ。

「幼なじみの青木さんが送ってくれた桃だよ」と瑠美子の耳元でささやいた。

桃の果汁は、瑠美子の舌にこぼれおちた。瑠美子はすぐに薄目を開き、口元をすこし動かした。

「新鮮だね、去年も送っていただいた岡山の白桃だよ」瑠美子はもう一度口を動かし、穏やかな表情をした。幼なじみの彼の顔を思い浮かべたのだろうか。

翌日の午前中、青木から電話が入った。

「今、新幹線の中で、もうすぐ東京です。中学時代の同級生と、お見舞いに伺います」

患者の家族にとって悩ましいところだ。ありがたいが、患者本人のことを考えると複雑な気持ちになる。しかし、「瑠美子に会いたい、お見舞いに行きたい」とすぐに行動を起こす友達の気持ちを考えると、断れなかった。伸一の知らない、瑠美子との友情の絆がきっとあるのだろう。

七月末の暑い中、昼過ぎに幼なじみの青木と中学の同級生だった植田英人が、病院近くの駅に到着した。青木の母親と瑠美子の母親は知り合いだった。瑠美子と彼は自宅近くの公園で、二歳の時に出会っており、その後も幼稚園から中学までずっと学校が一緒だった。植田は中学の同級生で、青木と瑠美子の三人でグループを作り、歌っていたことがあると話してくれた。彼は航空会社のパイロットを定年まで務め、今は船橋市に住んでいた。

二年前の秋、青木が上京し植田とゴルフを計画した時に、瑠美子を誘ってくれたことがある。瑠美子もゴルフスクールで腕を上げていた頃で、喜んで参加した。伸一は千葉県の神崎にあるゴルフ場まで瑠美子を車で送った。その時に一度、彼ら二人に会っていた。

二人は共に、奥さんをがんで亡くしていた。その時のことを伸一に話してくれた。青木の奥さんは乳がんで、最後は緩和ケア病棟で見送った。入院して十日間、彼は奥さんの横に寝泊まりし看病した。奥さんの最期の言葉は、「ありがとう」だったという。

奥さんを見送ってから「何も手につかない」放心状態になった彼は、会社を休み三か月の間、うす暗い部屋に閉じこもった。「食事もほとんど食べたくなかった」と言う。愛する配偶者との別れは、パートナーにとって一番ダメージが大きいのだ。

植田の奥さんも、肺がんと分かった時はもう手遅れで、なす術がなかった。手術もできなく、緩和ケア病棟でモルヒネを打ちながら、悲しい別れをしたと言う。パイロットとして忙しい日々を過ごした彼は、奥さんとゆっくり旅行をしなかったことを悔やんでいた。

伸一は緩和ケア病棟に寝泊まりし、看病を続けていたこの時期、「自分は誰にも頼ることができない」という孤独感が、ただでさえ辛い思いをより辛くしていた。しかし、二人の話を聞くうちに、伸一の心は軽くなっていった。

「自分一人だけが不幸なのではない」

「愛する人との別れが辛いのは、その人と暮らした時間が幸せだったからだ」

二人の話を聞いてそう思った。

「もう二度と一緒に、あの美しい桜を見ることができない」

「あの真っ赤に燃えるような紅葉を見ることができない」

「瑠美子と一緒に、あの穏やかなひと時を過ごすことができない」

数々のもうできないことを振り返ると、伸一は耐えきれない思いに駆られた。

「もっと、もっと一緒に過ごしたい」

「もっと、瑠美子の温もりを感じていたい」

この普段なら当たり前のことを、二度とできなくなる——その思いが、伸一を無性に辛くさせていた。どんなにあがいても時間を巻き戻せない現実が、耐え切れない悲しさとなって襲いかかる。振り切ろうとしても身体から離れない、耐えがたい寂しさや焦りに囚われ、そこから抜け出せなかった。

「朋《とも》有り、遠方より来《きた》る」そのことによって伸一は救われた。彼らは、苦しみと悲しみの渦の中で溺れそうになっている伸一を、見事にすくい上げてくれた。

一人でその渦に巻き込まれていると、そこからなかなか浮かび上がれない。過去の判断を悔やみ、自分を責める。堂々巡りになってしまい、そこから抜け出せない。しかし、他の人の深い悲しみの話を聞くと、自分の悲しみを客観的に見ることができた。

伸一はこの友人たちに、心から感謝した。お見舞いの申し出を断っても来てくれた。瑠美子と伸一を慰め、救おうとしてくれている。自分もこんな友情を与えられる存在になりたい。伸一は心からそう思った。

人生には、「どうして自分たちだけが」と不公平に思える時が確かにある。しかし、それを不幸と思うかどうか、決めるのは本人次第だ。

「心の持ち方ひとつで、幸せになることもできるし、そうでなくなることもある」

そもそも、全てが公平であることはこの世の中にない。不公平を不運で不幸と考えず、自分の信じる道を歩むしかない。

「たった一度きりの人生。真剣に考え、決めた道を進む。そうであれば、何があっても後悔しない」いつの頃からか、伸一はそう信じてきた。

遠方からきた友は、伸一がくじけそうになっていた時、改めて「信じる道」の大切さを教えてくれた。

瑠美子との会話

病室で瑠美子に毎朝毎夕、耳元で話しかける。日付や天候、自宅の庭の花のこと、友人からのメールのことなど、瑠美子が興味を持つことを話しかけるよう心掛けていた。本人が理解しているかどうかは分からない。

しかし、複数の看護師から聞いたが、意識がはっきりしない患者でも、耳は最後まで聞こえているという。伸一は話しかける時、必ず言う言葉がある。

「伸ちゃんは、ここにいるよ」

「瑠美子を守るよ」

「愛しているよ」

「大好きだよ」と。

伸一は悔やむ。意識がしっかりしている時に、瑠美子の目を見つめながら大声で言いたかった言葉だ。どうして自分の心からの言葉を、その時に言わなかったのだろう。想像以上に速い病状の進行に、そこまで思いが至らなかった。「でも、今でも遅くない」そう考えて伸一は、瑠美子の耳元に大きな声で何度も何度も話しかける。瑠美子が理解しているかどうかは関係ない。

人は後から振り返ってみて初めて、「あの時は幸せだった」と気づく。〝あの時〟は、それが当たり前でありがたさが分からない。いや、分かることができないのだ。愛する人とこれからもずっと一緒にいられることが当然で、「この生活はずっと続くもの」と考えてしまう。世の中には、不幸なことが起きることは知っている。しかし、それは他人のことで、自分たちには関係ないと油断する。そして、一旦我が身に不幸が降りかかると、慌てふためいてしまう。その結果、絶望が目の前に立ちふさがり、悲しみに明け暮れることになる。

「普段の何気ない生活が、いかに大切なことかを分かっていない」

何と悲しい人の性《さが》なのだろう。


瑠美子の学生時代の友人や親しい人から、パソコンにメールが入る。それまで、彼女のメールには一切触れていなかった。しかし、五月中頃から瑠美子がパソコンや携帯電話を触らなくなった。自分で機器を扱えなくなってから、伸一は瑠美子のメールを見るようになった。

七月十八日の入院が決まった時、メールを送っていただいていた方々へ、瑠美子の病状を伸一の名前で伝えた。伸一からのメールを受け取った人たちは大変驚き、返信メールや手紙で励ましの言葉を送ってくれた。

関西から「お見舞いに行きたい」と申し出てくれた方々もいたが、入院した時点の瑠美子は、人の顔の判別がつくかどうかも分からない状態だった。

「せっかくお見舞いに来ていただいても、甲斐がない」と思った。

お見舞いをお断りするもう一つの理由は、瑠美子自身の気持ちがあった。やせ細り表情のない自分を見てもらうことが、瑠美子にとって嬉しいことなのかどうか？　伸一は自分に置き換えてみて、少し嫌だなと思った。女性の瑠美子ならば、なおさらそうではないだろうか。

今、瑠美子は話すことも、うなずくこともしない。伸一が耳元で話すことを理解しているかどうかも分からない。彼女が話せなくなったのは、自宅でケアをしている六月中旬頃からだった。それ以降はノートに文章を書き、本人の相槌でコミュニケーションを図ってきた。

「そう言えば、最後に瑠美子とコミュニケーションがとれたのは、いつだったろうか」

伸一は記憶をたどった。「あっ、あの時だ」それは八月九日、オプジーボを初めて点滴する朝だった。

「今日、オプジーボの点滴があるよ。脳の中のがん細胞をやっつけて、家に戻るよ。また二人で、温泉やゴルフに出かけるよ！　良かったねー」と大声で耳元に話しかけた。すると瑠美子は「ウン、ウン」と二度、小さく頭を動かしたのだ。「何かの間違いかもしれない」伸一はもう一度、「オプジーボ、良かったね！」と話しかけると、やはり「ウン、ウン」と小さく頷くではないか。「瑠美子は分かっている」顔に表情を出せなくなっても、しっかりと理解している。意思を通じあえたことに、伸一は言葉が出ないほどの喜びを感じた。

オプジーボの点滴開始から四日目の八月十三日夕刻、伸一が自宅で絞ったニンジンと果物のジュースを持参した。看護師にチューブで鼻からそのジュースを入れてもらう時のことだった。

「絞ってきたニンジンジュースを、入れてもらうよ」伸一は耳元で瑠美子に伝えた。瑠美子は声を出さずに「ウン」と小さく頷いた。看護師も一緒にその頷きを見ていた。声や表情に出せないが、しっかり耳は聞こえ、脳は判断している。

「瑠美子は自分の言葉を待っている。一方的でも話しかけることは、本当に大切なのだ」と伸一は思った。

オプジーボは二週間おきに点滴があり、計三回投与してもらった。しかし効果が出ていることを判定できないため、四回目は断念することになった。

「何とか、もう一度点滴をして欲しい。もう一回すれば、脳の機能が改善するかもしれない」伸一は思ったが、緩和ケア病棟に入院した患者がオプジーボを投与してもらうこと自体、奇跡に近かった。担当医師の配慮によるありがたい処置であり、これ以上無理をお願いする訳にはいかなかった。

瑠美子は下痢の状態が続いていたので、免疫力を上げるサプリメントの服用は止められていた。下痢は当初、オプジーボの副作用と思われたが、その投与を中止してからも続いた。

「今飲んでいる薬が原因かもしれない」と伸一は考え、看護師に飲んでいる薬の成分と副作用を尋ねてみた。看護師はすぐに調べてくれ、下痢を起こす可能性があることを教えてくれた。

伸一は松本医師が朝の回診に来た時、このことを相談してみた。

「一度、薬の服用を止め様子を見ましょう」と言ってくれた。そして服用を中止すると、ピタリと下痢が止んだ。その結果、ニンジンジュースとサプリメントを再開することができたのだ。

「オプジーボがだめなら、せめてニンジンジュースと免疫力を上げるサプリメントを飲んでもらいたい」免疫力を上げることが希望につながる。

「自分が今できる、良いと思われることを全てしてやりたい」伸一は心から思っていた。

がん性髄膜炎になり、脳の機能が日一日と悪化していった時、伸一は絶望感にさいなまれた。急激に嚥下する力をなくし、体重が40 kgを切るようになった姿を見て、伸一は自分を支える力も湧かなくなった。

それだけに、松本医師からオプジーボの投与を告げられた時は天にも昇る気持ちになった。

「もしかすると、助かるかもしれない」希望の火が大きく灯りだした。

しかし、四回目のオプジーボが投与されないことを知った時は、希望の火が消えそうになり悲しかった。だが、医師もやれるだけのことを試してくれた。そして、オプジーボの投与を瑠美子に伝えることができ、彼女も理解してくれたことは本当に嬉しかった。

「人は希望を胸に努力している時が一番幸せ」伸一が若い頃、人材派遣の仕事をしている時に痛感した想いだった。

派遣で経理の仕事をしている女性がいた。その人は簿記の勉強を一所懸命していて、将来は簿記一級を取りたいという。今の生活に余裕はなくても、簿記一級を目指し努力する姿は、とても幸せそうに見えた。伸一も瑠美子の免疫力を上げ、病気からの快復を願い、努力することに充実感を覚えていた。

「希望の火は決して消さない、努力も決して惜しまない」その想いを胸に秘めて、毎日、瑠美子にニンジンジュースと免疫力を上げるサプリメントを飲ませていた。

そして、毎朝毎夕の柔軟運動を続け、少しでも免疫力が上がるよう努力することが、伸一を悲しみから救っていた。

新たな決意

入院して以来、瑠美子の体重を計っていない。しかし、体重はさらに減ったように思えた。毎日の朝夕、瑠美子の長い足を持って柔軟運動を行う。テニスで鍛えたふくらはぎや、太ももの筋肉がなくなり、随分と細くなった。太ももが、病気前の二の腕ほどの太さになった。股関節運動をする時、その足を持つ度に伸一の目に涙がにじんだ。

「瑠美子が頑張ってくれている」自らの脂肪と筋肉をエネルギーに変え、命の炎を燃やし続けている。このひたむきな頑張りは、きっと何か意味があるに違いない。伸一を深く悲しませないために、お別れの時間を長く作ろうとしてくれているのか。それとも、伸一に何かをさせようとしているのか。二人にとって意味のあることを――。

そう考えるようになったのは、入院して二か月半を過ぎた頃で、オプジーボの三回の点滴に効果がないことがはっきりした後の、十月初旬のことだった。

入院直後、看病を支える拠り所として、次のように思っていた。「いずれ自分も寿命がくる。あの世で瑠美子に会った時、真っすぐに眼を見て「瑠美ちゃん、思う存分看病をさせてもらったよ」と言えるようにしたい」。そして、「瑠美子が自分に尽くしてくれた百分の一でも、お返しをしたい」その想いが、長引く看病で折れそうになる伸一の心を支えてきた。

しかし、この頃になると少し考えが違ってきた。

「瑠美子は私に、何か使命を与えようとしているのでは」と。

二人には子供がいない。そして二人は、いずれこの世からいなくなる。二人が旅した時空の軌跡も消えてしまう。この軌跡を消さないためには、何かを現世に残す必要があった。

伸一はがん性髄膜炎の症状の進行について、インターネットで調べてみたが、詳しいことが書かれたサイトや情報は見つからなかった。また、腫瘍内科の医師からもらった、がん性髄膜炎の研究論文のコピーには、医学的な研究内容が書かれているだけだった。患者や患者の家族が最も知りたい、「病状はどのように進行していくのか」については書かれておらず、情報はあまりに少なかった。

医師から、「がん性髄膜炎になると、ゆっくりと時間が流れる」という話を聞かされたことがある。分かったような、分からないような表現だった。百人のがん性髄膜炎の患者がいれば、百通りの病状の進行があるに違いない。もちろん、他の患者の病状がどのように進行したかを、全て参考にすることはできない。しかし、症状の進む傾向を知ることは、当人たちの心構えや準備に役立てることができる。

「瑠美子のがん性髄膜炎における症状の進行状況を記録に残し、誰かの役に立つようにできないか」伸一はそう考えるようになった。

「闘病の記録を残そう」伸一が決意した時、与えられた使命が何かを、ようやく理解できたように感じた。内向きになっていた自分の感情を、闘病の記録を残すことで立て直せるように思えた。

その後、闘病記を書き始めてから、「寂しさや悲しさがなくなった」とまでは言わないが、伸一の重い心が随分と軽くなった。伸一は瑠美子の肺腺がんが見つかった時期につけていた日記と手帳を読み返し、記憶を手繰り始めた。四年ほど前の健康診断のレントゲン写真が、その始まりだった。過去の事実と自分たちの選択を確認し、判断にミスがなかったかも気になった。

人生には、道が二つに分かれ、どちらかを選ばなければならない時が何度かある。考え、悩み、最終的には自分で決めなければならない。こんな時、伸一は十分に考え尽くし決断する。そして選んだ道を後悔することがないよう、懸命に努力する。

時には上手くいかないこともある、いや上手くいかないことの方が多かった。でも、懸命に努力したことで、上手く行かなくても諦めがついた。自分が決めたことに決して手を抜かず尽力したことが、自分自身を納得させた。時に、人生は不公平に思えることがある。しかし、幸、不幸を決めるのはそれを感じる個人次第だ。心の持ち方ひとつで幸せになることもできるし、そうでなくなることもある。

「自分の心の持ち方を大切にしなければいけない」そう思っていた。

今までの記録と記憶を書きとめ、一つ一つ文章を紡いでいく作業が始まった。

伸一は小学生の頃から作文が苦手だった。社会人になってからは、文章を書く機会が増え、稟議書や報告書、提案書などの文書作成に追われた。しかしビジネス文書は、５Ｗ１Ｈを簡潔に書くことが求められる。結論を先に書き、それを説明・補完する内容を記していくスタイルが、効率を優先するビジネスに向く。

しかし、他の人が読んで参考にするための文章となると、そうはいかない。まず真実が書かれ、読む人が興味を持ち、参考にできるような内容が書かれている闘病記を残したいと思った。

使命がはっきりすると、伸一は悲しさにも孤独にも耐えうる力が湧いて来た。自分にしかできないことを、日々淡々とやり続ける。気負いもプレッシャーもない。もし必要とされるものがあるとすれば、昔から言われる言葉「運・根・鈍」だろうか？　いや、誰かが言っていた「根・鈍・運」かもしれない。

こうして伸一の看病生活に、新たなリズムが生まれていった。その原動力は、瑠美子が快適に過ごせる環境づくりへの想い、次に免疫力をアップさせる働きかけ、そして自分の新たな使命を飽くことなくやり続けることだった。

第五章　病　室

後ろ髪をひかれる思い

伸一には九十八歳の母がいる。歩行はおぼつかないが、頭はまだしっかりしている。二〇一五年一月初め、伸一の家から歩いて十五分の老人介護施設に入居した。伸一の父は八年前に九十五歳で亡くなっている。以後、母は伸一の自宅近くのマンションに一人で暮らしていた。伸一が会社を退職してからは、母の面倒を瑠美子から引き継いでいた。

それまでは瑠美子が、がんの手術をした後も、買い物や病院に連れて行くなど面倒を見てくれていた。長い間、両親の世話をしてくれた彼女から、愚痴や苦言などを聞いたことがない。「次男と結婚したのに、どうして夫の親の面倒を見ないといけないの？」普通ならそういう愚痴も出るだろうに。しかし、心優しく穏やかな性格の瑠美子はそうでなかった。両親の面倒をよく見てくれたことは、伸一にとって何よりもありがたかった。

伸一が緩和ケア病棟の病室を抜け出すのは、日に二回だけだった。瑠美子が寝入っている午前二時半頃から二時間ほどと、点滴中で眼をつぶっている時間帯、午後二時頃から一時間ほどだ。病室を抜け出すなら、できれば瑠美子が眠っている時に病室を出て、眠っている間に病室に戻って来たかった。

しかし午後の外出時は、瑠美子が目を開けていることが多い。そんな時は耳元で「家に帰ってくるよ、すぐ帰るからね」とささやく。すると瑠美子が薄目を開け、こちらを見る。意味を理解しているかどうかは分からないが、少し寂しげな表情をしているように思える。「私がいない時に呼吸が苦しくなり、吸引が必要にならないだろうか？」それが心配で、病室を離れる時は毎回、後ろ髪をひかれる気持ちになる。「これが今生の別れになるかもしれない」そう考え、いつも病室を出る前に瑠美子の額と手と足を触る。「瑠美子との最後のタッチになるかもしれない」と思うのだ。

病室のドアのところでもう一度振り返り、瑠美子の顔を見て出て行くことが癖になった。夜半に抜け出す時は、瑠美子が熟睡していることが多い。体調が落ち着いている時は、穏やかな顔とリズミカルな寝息がある。顔の表情と呼吸で分かる。

伸一は自宅に帰る途中、必ずコンビニで買い物をする。いつも思うことだが、この時間帯に開いていることをありがたく思う。「コンビニがなければ、瑠美子を支えることができない」とまで思う。自宅に戻ると二階の窓を開け、新鮮な空気を入れる。人が住んでいないと、家はすぐに傷むと聞く。次に風呂を沸かし身体を洗い、さっと温まる。伸一の入浴時間は短い。昔からだ。

洗濯は二、三日に一度だが、風呂の温かい残り湯を利用する。洗濯をしている間に、先ほどコンビニで買った袋入りの生野菜を三食分に分ける。二食分はプラスチック容器にそれぞれ入れ、病室で昼と夜の野菜サラダにする。もう一食は朝食用となる。

自宅に戻ってもゆっくりはできない。朝食を準備し、テレビのゴルフ専門チャネルで番組を見ながら食事をする。もともとゴルフは上手くない。瑠美子が手術をしてから、近くのゴルフスクールへ週に四日ほど、一緒に通うようになった。そのうち瑠美子の方が熱心になり、毎週ゴルフ雑誌を購入し勉強していた。テニスの時もそうだったが、コーチに教えてもらったことや気づいた点をノートに書き記す。熱心で几帳面な性格だった。

伸一は家に戻ると、短く重いスイング練習用のクラブを、部屋で十回から二十回素振りをする。よく瑠美子から、「伸ちゃん、もっと力を抜いて、ゆっくりスイングだよ」とアドバイスされた。長引く看病の中で、この自宅での素振りが気分転換の一つになっていた。

「もう、戻る時間だ！」時計の針が午前四時を指す頃、病室に戻る支度をする。交通量の少ない早朝は、病院まで車で十分とかからない。早朝は車がほとんど走っていないが、事故を起こさないよう十分注意して走る。交通事故を起こすことを一番恐れた。

緩和ケア病棟の建物のドアは、夜の七時から朝の七時まで閉じられている。午前四時半頃、入り口のインターホンのボタンを押し、看護師に名前を告げドアを開けてもらう。外部から不審者が入らないための、当然の体制だった。三階に上がり、ナースステーションで「高山、戻りました」と当直の看護師に挨拶する。

瑠美子の病状に変化があった場合、看護師は帰ってきた伸一に伝えてくれる。病室に近づくと、入り口のカーテン越しに瑠美子の静かな寝息が聞こえてくる。この時初めて、伸一の心が落ち着く。ベッドに近づき、瑠美子の耳元で「伸ちゃん帰ったよ。ずっとここにいるから、安心しな」瑠美子の額に唇をつけ「チュッ」と音を鳴らしキスをする。

伸一の声を聴いて瑠美子は安心するのか、この時間帯から熟睡を始める。戻ってする仕事は瑠美子の体温を計り、必要に応じてクーリング用の保冷剤を背中の下に入れる。これらが終わり、やっと一息つくことができた。

伸一は薄暗い病室に置かれたいすに座り、一杯のコーヒーを飲む。給湯室の電気ポットで淹れた簡易レギュラーコーヒーが、伸一の疲れを癒していく。不思議なもので、コーヒーの香りを嗅ぐと心が揉みほぐされていく。長くコーヒーや紅茶を扱う会社に勤め、これらの嗜好品を長年嗜んでいたことが影響しているのかもしれない。

卓上の灯りをつけ、看病日誌を書き出す。

昨日一日の瑠美子の体温や吸引回数、体調などをA5のノートに記録していく。後で読み返すと、病状の進み具合や変化が見えてくる。看病に集中して、その時には気づかない小さな変化を、そこに発見することができた。

もう一つ、毎日つけているのが「十年日記」だ。瑠美子が都内の病院で生検の検査入院をし、肺腺がんと医師から告げられた時、日記をつけることを決めた。「必ず瑠美子の病気を治し、十年後も二人の記録をつける」そういう思いで日記をつけだした。

日記の書き始めには、四年前の手術に対する不安な気持ちが書かれていた。その後の日記を読みかえしながら、「二人、よく頑張ってきたなあ」と改めて思った。最善の行動ばかりではなかったかもしれない。だが、その時その時に、二人は真剣に考えて道を選んできた。そのことを日記から読み取ることができた。

「入院して今日で八十九日目。連続して八十八泊、この病室で朝を迎えた」伸一の気持ちを支えていたのは瑠美子への感謝の気持ちと、何としても病気を治したいという強い意志だった。緩和ケア病棟に入ってからも、病気の快復を信じ看病を続けていた。快復への希望を持つことで、伸一は折れそうになる心を支えていた。

「自分ができることは、どんなことでもしよう。瑠美子を励まし、免疫力を上げてがんを小さくしていきたい」

「どんな苦労も、我慢もいとわない」

「瑠美子のためなら、瑠美子と二人でいられるならば、どんなことだって耐えることができる」

伸一は心からそう思った。

入院費用の請求書

入院して三か月が過ぎた頃、自宅から緩和ケア病棟に戻ると、受付で小さな封筒を渡された。中には入院費用の請求明細書が入っている。伸一はその額を見て安堵した。

「これ位なら、がん保険の給付があるから大丈夫だ」

入院費は九月分が四十七万円余、八月も同じような額だった。入院医療費は高額療養費制度を利用すると、支払う額に限度がある。伸一の月額給与で計算すると、医療費の負担する上限額は月に八万円余であった。高額療養費制度を利用し始めて、医療保険制度のありがたさが良く分かった。

入院費用の請求額の半分を占めるのは特別室料で、一日に七千五百六十円かかっている。特別室にはソファベッドがあり、患者の容態次第で付添人が病室に泊まることを許された。このソファベッドがなければ、伸一は泊まることができない。他の費用として、食事療養費とおむつ代、病衣のリース代などがあった。

入院前の説明書には、七十歳未満で高額医療費制度を利用して三十四万円から六十九万円と書かれていたが、その範囲内だ。「お金の心配をしないで看病に専念できることは、何とありがたいことか」と伸一は思った。

二人には子供がいなかったため、子供の養育費や教育費はかからなかった。そのこともあり、少しは老後に蓄えを残すことができた。また伸一は、若い頃から掛け捨ての「がん保険」と交通事故に備えた「共済保険」に入っていた。生活に余裕のない二十代では「月に一万円以上支払う、貯蓄型の生命保険はいらない」とドライに割り切っていた。

しかし、若くても起こりうるリスクである、病気や事故に備えなければいけない。そのため、費用が少額で済む掛け捨て保険には入っていた。掛け始める年齢が若かったことと、掛け捨て保険ということで月額保険料は安い。保険料はそれぞれ千五百円程度だった。それを四十年近く掛け続けてきた。

「瑠美子の入院費用は、今入っている保険の入院給付で大半は賄えそうだ」

伸一は安心した。

いざ病人を家族に持つと、金のことは避けて通れない。余裕がなければ伸一も、瑠美子をこのような設備の整った施設へ入院させたくてもできなかっただろう。「共済保険」は給付の対象になる入院日数に限度があり、百八十日だった。しかし「がん保険」には、入院日数の限度がなかった。伸一にとって、この限度なしはありがたかった。もし、がん保険に入っていなければ、リタイアした人にとって特別室料の負担は重い。「若い頃からの保険の継続が少しは報われた」と伸一は思った。しかし本当は、がん保険の世話にならない普通の生活が一番良いのだ。考えてもしようがない思いが、まだ心の奥にはあった。

この緩和ケア病棟には二十の部屋がある。入院して以来、いつも八割以上は埋まっているようだ。伸一は一般的な緩和ケア病棟の入院患者の、平均的な入院期間を知りたくなった。それを調べることは、瑠美子の入院期間を推測することにもなる。

ためらいもあったが、インターネットで調べると緩和ケア病棟の平均入院期間は、三十日から四十日くらいと書かれていた。緩和ケア病棟では、積極的な抗がん治療や延命の治療はしない。患者の苦痛をやわらげ、穏やかに過ごせることを第一に考える施設だけに、その日数もうなずける。その意味では、「がん保険」に長期の入院給付は必要ないのかもしれない。しかし、瑠美子は入院してすでに三か月を超えていた。

瑠美子は緩和ケア病棟に入院する他の患者とは、少し違っていた。肺腺がんから脳へ転移してがん性髄膜炎となり、通常の生活は一切できなくなっている。しかし、身体のどこにも、がんの塊はできていない。脳の髄膜にがん細胞が散らばり、脳の機能に障害が出ている状態だ。

目を開けて覚醒している時間も、一日に八時間以上ある。ベッドでの柔軟運動や車いすへの移動も、一日に一時間できている。耳元で話しかければ、目の動きを止め、一所懸命に聞くそぶりを見せる。適切な看護をすれば、痛みなく過ごすことができる。胃ろうの状態でも、持続的植物状態でもなかった。

「がん」は、現代において日本人の二人に一人が罹る病という。この事実を考える時、掛け捨てでも良いから、「がん保険」は必要だと伸一は改めて思った。できれば期限なしで、入院給付額も一日一万円以上あれば安心だ。

瑠美子と伸一は「日本尊厳死協会」に加入していた。瑠美子が肺腺がんになり、術後一年ほど経った時に彼女の希望で加入した。その尊厳死の宣言書に書かれた一条にこうある。「私の傷病が、現代の医学では不治の状態であり、すでに死が迫っていると診断された場合には、ただ単に死期を引き延ばすためだけの延命措置はお断りいたします」

少なくとも瑠美子は、「すでに死が迫っている」とか「ただ単に死期を引き延ばすためだけ」という状態ではない。免疫力をアップし、播種状態のがん細胞をやっつければ治る可能性はある。医師から見れば、「あり得ないことを夢見ている」ということになるだろう。

しかし、夫である伸一にとって、瑠美子は掛け替えのないパートナーであり、希望を持って看病することが、自分自身にとっても精神面で大変重要なことだ。「奇跡は起こらないなど、誰がそんなことを断言できる」世の中、科学だけで実証できないことは、たくさんあるではないか。伸一はビジネスパーソン時代に学んだ、「人は希望とともに生き、絶望とともに死す」という言葉を信じていた。

昨年の十月十一日、瑠美子が手術を受けた大学附属病院の腫瘍内科担当医から告げられた言葉を覚えている。

「がん性髄膜炎です。オンコロジーエマージェンシーで重篤な状況です」

がん性髄膜炎をインターネットで調べると、平均余命は長くなく、十二か月以上を超す例はまれだと書かれていた。瑠美子は肺腺がんが転移したがん性髄膜炎で、診断されてからすでに十二か月を超えていた。

人の命の長さは平均では測れない。平均余命を信じてしまうと、快復への希望が絶望に変わりかねない。患者も看病する家族も、生きる希望を失ってしまう。伸一は希望を失わない看病を心に決めていた。たとえ医師から「無理です」と言われたとしても。幸いにも、緩和ケア病棟の松本医師は違った。オプジーボの投与もそうだったし、その後のサプリメントの服用も伸一の希望を聞き入れてくれた。

友人に「瑠美子が緩和ケア病棟へ入院しました」と伝えると、ほとんどの人が「残された時間は長くない」と考える。伸一も初めはそうだった。入院当時の瑠美子の急激な病状の悪化と、医師からの仮の入院期間を一か月と言われた時は――。

しかし、「患者の数だけ、それぞれの病状の進行があるに違いない」伸一はそう考えるようになった。同じ条件でも患者と家族の心の在り方と取り組みで、その病状の進行も違ってくる。

「今は希望を失わず、瑠美子の快復を願って信じる道を歩もう」そう心に決めていた。

入院百日目の病室で

緩和ケア病棟は一般病棟の南隣、三階建ての建物にあった。病室は三階にあり、一般病棟とは廊下でつながっている。すべて個室で二十室あり、半分の十室が特別室になっている。特別室にはソファベッドがあり、患者の病状によっては病室に泊まることが許された。特別室は、他の病室より料金が加算される。この料金は健康保険の対象外となり費用はかさむが、瑠美子のそばにずっといたい気持ちを優先した。

病室はコの字型に配されており、窓が東向き、南向き、西向きになるよう分かれていた。瑠美子の病室は三六一号室で、南向きの窓から駐車場と農地、その向こうに森を眺めることができる。森は常緑樹と落葉樹が混在して青黒く、そこに横たわっているように見えた。

病室の窓から見える駐車場は、すべて病院の職員用だった。伸一はその車の多さに驚いた。病院は医師を中心に考えられがちだが、その医療体制を支える看護師の人数は、おそらく医師の五倍から十倍はいるだろう。また、入院患者を抱える病院は、日勤と夜勤の看護体制が必要になる。さらに事務職員、リハビリの専門職員、食事を作る職員、清掃職員など、そこで働く人は膨大な数となる。瑠美子が入院して初めて、病院の組織とそれを支える職員の多さを知った。通院患者が病院で目にするのはその一部で、医療体制を支える大勢の人が縁の下で活躍していた。

瑠美子が入院している病室の大きさは、入り口側の幅が約2・7m、奥行きが約6・7mで、中級のビジネスホテルほどの大きさだった。ホテルと違うのは、ベッドの上の壁に酸素と吸引の装置が備え付けられている点で、急な病状の変化にもすぐに対応できるようになっていた。

部屋の壁の色調は薄いクリーム色で、床は濃い茶色の木目調だ。夜が明けると直射日光が射さなくても、南側の大きな窓が明るくなってくる。徐々に部屋全体が柔らかな、優しい明るさになっていく。窓にはレースと遮光カーテンが備え付けられており、カーテンもクリーム色に統一されている。患者が心静かな安らぎを得られるよう、部屋全体の彩りにも気が配られていた。

部屋のトイレは、車いすの患者が入ることを前提に広く設けられている。洗面台は入り口の右手にあり、手を近づけると蛇口から温水が自動で出る。電動ベッドは100㎝×210㎝の大きさで、身長162㎝の瑠美子でも余裕があった。このベッドは上体の上下動、足の上下動、全体の上下動を調節できた。部屋の照明も工夫されており、七か所に電灯が設置され、必要に応じて明るさを調整することができた。このように病室は、患者の看護を第一に考えられており、ビジネスホテルより費用をかけて機能的に作られていた。

緩和ケア病棟のためかもしれないが、共同のキッチンが病棟の真ん中に設けられていた。キッチンには冷凍・冷蔵庫、電子レンジ、トースター、IHクッキングヒーターなどが備え付けられている。ありがたく感じたのは、クラッシュアイスができる製氷機の存在だ。微熱が続く瑠美子の熱を下げるため、日夜タオルを氷水で冷たくする必要があり、この製氷機が二十四時間自由に使えることで助けられた。緩和ケア病棟の患者や家族にとって、かゆいところに手が届くような設備が用意されていた。

さすがにこれはないだろうと思ったが、伸一はWi-Fiの有無を尋ねてみた。看護師は少し得意げに「ありますよ」と答え、パスワードを教えてくれた。この病院でも一般病棟ではWi-Fiは使えない。緩和ケア病棟だけが特別なのだ。患者や家族が快適に病室で過ごせるようにという、松本医師の提案によるものだった。

Wi-Fiがあると、自分のパソコンやタブレット、スマホを無線電波で接続できるので、本当に助かった。病室から会社や友人たちと、パソコンを使って連絡を取ることができる。知りたい情報も瞬時に手に入れることができた。何より、自分たちが社会から隔絶されていないという思いが、伸一の心を落ち着かせた。

一人で長期間看病を続けていると、人と話す機会が極端に減る。伸一は、看護師たちと会話するよう極力心がけていた。瑠美子の身体の状態を伝えたり、留守にしていた間の瑠美子の状態を看護師から聞くことができた。しかし他の患者については、個人情報にかかわるため話題になることはなかった。看護師たちはその点を良く心得ていた。伸一は他の入院患者のことを、同じ病と闘っている同志と思っていたが、会話を交わすことはなかった。

伸一は入院当初から、瑠美子のそばで毎晩寝てやりたいと考えていた。瑠美子は話すことができないのはもちろん、身体の向きを変えることも、ナースコールのボタンを押すこともできない。病状が急変しても、誰かに気づいてもらわない限り分からない。赤ちゃん同然と言うか、赤ちゃんはまだ泣くことで母親に気持ちを伝えられるが、瑠美子は泣くことすらできない。唯一できるのは、呼吸が苦しくてせき込むぐらいだった。

伸一が寝る特別室のソファベッドの大きさは67㎝×205㎝と幅が狭く、寝るのに窮屈だったが、苦にならなかった。伸一の性格もあるだろうが、学生時代に七人部屋の寮生活を送ったことで、少々厳しい環境でも眠れる体質になっていた。そこに、自宅から持参した枕とシーツ、薄い掛布団で過ごしていた。

緩和ケア病棟に入院する患者の平均滞在日数は、三十日から四十日とされるが、末期のがん患者が主に入院する病棟だから、期間は短いのかもしれない。ぎりぎりまで自宅で看病し、症状が進行して痛みが激しくなってから入院することが多いのだろう。しかし、がん性髄膜炎の場合、詳しい情報はなかなか見つけられず、手探りで進むしかない。今日で入院してから百日ほどが経っていた。

「瑠美子が頑張ってくれていることは間違いない」と伸一は考えた。

瑠美子のような脳機能障害をもたらすがん性髄膜炎は、通常の末期がん患者の入院例とは異なるかもしれない。そのため、看病する家族は初めて遭遇する患者の病変に驚き慌て、不安に思うに違いない。伸一もまた、海図とコンパスを持たずに航海に出たような、この先が読めない不安をずっと抱えていた。

しかし伸一は、若い頃から持つ「全て現実を肯定する」「現実を認め、その場で自分ができる最善に全力を尽くす」という考え方で、瑠美子の看病にも当たっていた。医師は過去の事例から判断し、「この患者の寿命はこれ位だ」と予想することはできる。しかし、患者の病状はそれぞれ違うし、患者が持っている生命力や生きようとする意志力によっても、結果が変わってくるに違いない。

「人事を尽くして、天命を待つ」結末や結果を気にせず、今自分ができることに全力を尽くしていくことを、伸一は心に誓っていた。

出勤の日の出来事

十月十九日夜半、伸一は浅い眠りから意識の水面に浮き上がるように、静かに目が覚めた。病室の壁に掛かっている丸時計を見る。「もう、こんな時間か」時計の針は午前二時前を指していた。昨日、ソファベッドに横になったのは夜の八時過ぎで、その後、何度か瑠美子の状態を確かめるために目を覚ましていた。ゆっくりと起き上がり靴を履く。少し腰が痛む。

今日は会社に行く日だ。非常勤監査役として、今日開かれる取締役会に出席しなければならなかった。暗い病室で自宅に戻る支度をしていると、瑠美子が薄目を開けた。伸一が帰り支度をしていることを、察知したのだろうか。伸一は彼女の右手を握り、いつものように肩を軽くたたきながらあやす。瑠美子は十分くらいすると静かに目を閉じた。

今日は取締役会の後、午後から監査法人との打ち合わせがある。会社を出られるのは午後四時過ぎ。となると、病室に着くのは夜の七時になりそうだ。十六時間ほど病室を離れることになる。こんなに長く瑠美子を一人にするのは、入院してから初めてのことだった。

目を閉じている彼女の額と布団の中の手、足首をそっと触り、体温を確かめた。病室を出る時に振り返り、ふたたび瑠美子の顔を見た。穏やかな寝顔だった。

一度自宅に戻る。風呂を沸かし、溜まっていた衣服を洗濯機で洗う。十月後半だが、今日は寒くなると天気予報は伝えていた。伸一は秋冬の洋服を取り出し、寒さに備えた。朝食はコンビニで買ってきたサラダと、冷凍のエビドリアだ。豆をグラインドしていれた濃い目のコーヒーを口に運ぶ。「フー」と深い息を、肺の奥から吐き出した。

「少し疲れているな」病院のソファベッドでの連泊が長期になり、じわりと身体と精神に影響していた。健康に自信のある伸一も、先が読めない看病に時には弱気になる。洗い終わった洗濯物を手早く部屋に干し、外に出すゴミをまとめる。食器の後片づけをし、ゴミ袋を持って家を出たのは午前五時半前だった。

我孫子駅から快速電車に乗り、上野駅で熱海行の電車に乗り換え、横浜駅に向かう。あざみ野方面行きの地下鉄ブルーラインで二十分ほどの所に会社はあった。伸一の自宅からはドアツードアで二時間半かかる。会社には八時前に着く、いつも一番乗りだ。

パソコンの電源を入れ、溜まっていたメールを確認していく。会社のメールは病室のパソコンに転送されるので、すでに目を通していた。しかし、売り上げ資料などの細かな数字を確認するため、印刷する必要があった。資料で真っ先に見るのが、米国での製品の売上げだ。伸一の会社は、社員が十人ほどの小さな研究開発の会社だが、ユニークな製品を輸出している。人工骨の形状と作り方を研究開発して特許を取り、綿形状の製品として世界で唯一販売しているのだ。米国ＦＤＡの承認を得て、世界に先駆けて米国で販売していた。日本での製品販売は治験が終了し、認可されてからになるため、もう少し先になる。

午前十時から始まった取締役会は、予定通り十一時過ぎに終了した。その後、定例の監査役会があった。一息ついた十二時前、伸一のスマホが鳴った。伸一のスマホには、滅多に電話はかかってこない。一瞬、得も言われぬ不安がよぎった。

「高山です」素早く答えた。電話をかけてきたのは、緩和ケア病棟の小澤看護師だった。

「瑠美子さんの吸引をした時に、痰が絡んで空気をうまく吸えず、今、酸素吸入をしています」伸一の鼓動は一気に跳ね上がった。しかし、小澤看護師の声は落ち着いていた。吸引中にうまく肺に空気が入らなくなり、酸素の吸入を始めたらしい。血中の酸素濃度も、一時70％台まで落ちたという。「現在、身体を大きく傾けて呼吸しやすくしています。呼吸も落ち着き、血中酸素濃度も上昇しました」冷静な口調の看護師の言葉に、胸をなでおろした。

午後に監査法人との会議はあるが、他の二人の監査役が出席するため、伸一は事情を話して急遽欠席させてもらうことにした。

新横浜駅までの地下鉄の座席で、はやる心を落ち着かせるのに苦労した。電車の速度がこれほど遅く感じたことはない。「どうして、よりによって出勤の日に。毎日そばにいるのに……」伸一は思った。

「英語でペイシェントの意味は、患者という意味と忍耐強いという意味があった。患者の家族も耐える時は耐えなきゃいけない」伸一はそう自分に言い聞かせた。新横浜で新幹線に乗り換え、東京駅で山手線に乗り継ぎ上野駅まで行く。ここまでくれば、あと少しだ。

病室に着いたのは、午後二時半過ぎだった。ナースステーションで小澤看護師にお礼を言い、急ぎ足で病室へ向かう。ベッドの上には、酸素マスクをつけた瑠美子が眠っている。鼻と口を覆う酸素マスクの透明なカバーが息で少し曇り、その奥に開けた口が見えた。その姿は痛々しかった。洗面台で手を洗い、瑠美子の肩と頭を抱いた。

「今、会社から帰ったよ。留守してごめんね。頑張ったね、偉かったね」

流れ出る涙が止まらなかった。

瑠美子の呼吸は落ち着いていたが、口から吸う空気がのど元で「ズェー、ズェー」と鳴っている。鼻呼吸ができないため、舌がのど元に落ち込み、唾液と痰がのど元に溜まっているせいか。そう考えると、伸一はそばにいても落ち着かなかった。瑠美子の表情も、穏やかとは言い難い。

「今夜はずっと、瑠美子のそばにいてやりたい」

夜半に自宅へ帰らないと決めた。その夜は、ほぼ寝ずの番で瑠美子を看ていた。少しずつだが、瑠美子の表情が和らいでいく。呼吸音も静かになっていった。体温は三十七度二分と普段と変わらない。南側にある窓が、夜明けとともに少しずつ明るくなってきた。

「もう大丈夫だ」

ようやく安心した伸一は、初めて瑠美子の顔をまともに見ることができた。

柔軟体操の効果

肺腺がんの手術から二年半が経った二〇一六年秋、脳への転移が判明した。医師から下された診断は「がん性髄膜炎」だった。

その一年後の二〇一七年秋、原発の肺腺がんはいまだ肺や他の臓器、脳にがんの塊を作っていない。少なくともレントゲン検査やCT検査、MRI検査で、がんの塊は見つかっていなかった。骨にも転移はない。しかし、二〇一七年春には、がん細胞が脳膜に種をまかれたように散らばり、脳の機能を侵していた。話すことはもちろん、身体を動かすことや嚥下することができないなど、脳機能に顕著な障害が出ていた。

瑠美子のがん性髄膜炎は痛みがないように見えた。そう考える根拠は、朝夕に行う股関節の柔軟運動の時に感じた。ベッドの上の瑠美子の両足をまっすぐに伸ばし、片足をゆっくりと水平に開いていく時に、一定の角度を超えると、少し辛そうな顔をする。この表情は吸引の時にも見られた。唾液や痰を吸引してもらう時、息がうまく吸えない場合に苦しそうに眉間に皺をよせることがある。そのような反応を見ると、痛みや辛さを感じた時、表情に出すことができるように思えた。がんによる痛みを訴えないことは、付き添う家族にとって本当にありがたい。そばでどれほど看病していても、痛みだけは取ってやることができないからだ。

一か月半前から下痢が続き、栄養剤が下痢の原因ではないかとの疑いで、いったん補給が中止された。代わりに点滴１５００ccだけで栄養分を補給されていたが、一週間前から下痢が治まり、新たに「ラコール」という液体栄養剤の注入を再開していた。そのせいか幾分、顔色が良くなったように思えた。

「点滴では補えない栄養分が、瑠美子の体力を快復させているのかもしれない」これで免疫力が上がれば、がんの進行を遅れさせることができると期待した。液体栄養剤の補給再開を伸一は嬉しく思った。

入院してから、伸一は瑠美子のちょっとした体温や症状の変化に一喜一憂した。

「それだけ、瑠美子を深く愛しているということなのか」

病気をする前なら気づかなかった些細なことに、心配したり嬉しくなったりと感情が揺れ動いた。愛する人を看病してみて、初めて知る自分の精神状態だった。

がん性髄膜炎の症状が、今後どのように進行していくかを伸一は知らなかった。「松本医師に確認するべきか？」伸一は悩んだ。知りたいような、知りたくないような気持だった。しかし今はただ、瑠美子の誤嚥による肺炎を防ぐことに注力していこうと考えた。事故なく瑠美子をケアし、免疫力がアップしていけば、奇跡が起きるかもしれない。

寝たきりの瑠美子の免疫力をアップさせる方法はないかと考え、やり続けているのが、ベッドで行う腕・肩・股関節の柔軟運動だった。この運動は効果が大きく、始めた当初に比べ、驚くほど股関節が柔らかくなった。また、結果的に臀部の床ずれの発生を防ぐことにも繋がった。一日二回の股関節の運動で、腰と尻が持ち上げられ血液が十分に行き渡る。この運動をしている間じゅう、瑠美子は目をぱちりと見開き覚醒してくれる。二人がよく聞いたカーペンターズの歌や七〇年代の日本のフォークソングをかけ、耳元で大きな声で話しかける。

「瑠美ちゃんと伸ちゃんの、免疫力アップ体操だよ」

「ずいぶん柔らかくなったよ」

「偉いねー」

「免疫力を上げて、がんをやっつけよう」

あの世側に持っていかれぬよう、瑠美子の意識をこの世側に留めておかねばならない。

「この長く続く看病を支えられるのは、奇跡を起こそうとする想いだけだ」

人は希望に向かって努力する時は、どんなに辛くても耐えることができる。しかし希望がもてない患者を看病する家族の気持ちを考えると、心が痛くなる。伸一も自宅で看病していた六月から七月中旬頃までや、松本医師からオプジーボの中止を告げられた九月末は、絶望的な気持ちに追い込まれた。

「瑠美子を助けることができない」そう思うと心が大きく乱れ、胸の奥が苦しくなった。その挙句に身体と心のバランスが崩れ、何もやる気が起こらなくなってしまう。

「絶望が人を死に追いやる」という言葉を聞いたことがある。看病する家族が希望を失った時、その家族の感情を患者は敏感に察知する。察知した患者の気持ちを考えると、いたたまれない。

「たとえ良くなる可能性が万分の一であっても、希望を抱いて看病したい」この希望が、長く孤独な看病を耐え抜く原動力になるのだ。


下痢が始まった時、「自宅で絞るジュースは一旦中止してください」と医師から言われた。免疫力が弱っている患者に対する衛生面が考慮されたのだろう。下痢が治まり、市販のジュースでの再開がＯＫとなった。野菜ジュースのペットボトルを、いつも冷蔵庫に用意し、シリンジ（注射器）で鼻の経管チューブに注入する前に、ジュース50ccを別容器に入れ常温に戻しておく。瑠美子の胃に入った際、冷たい思いをさせないためだ。

そのジュースに、マイタケエキス十滴、枇杷の種の粉末1g弱、深層海水から作った塩少々を入れ、昼だけマイタケエキスの代わりに、フルボ酸2ccを加える。これらのサプリメントは、信頼できる知人から紹介された物だった。海水から作った塩は、栄養剤「ラコール」だけでは補給できないミネラル分を期待してのことだった。

毎日、午前中のおむつ交換のあとには、一時間ほど車いすに乗せた。看護師にお願いし、瑠美子をベッドから車いすへ抱きかかえ移動させる。足の踏ん張りがきかないので、看護師は瑠美子のでん部を持ち、足が絡まないよう気を付けて上手に移動させる。寒さから身を守るため毛布やタオルを巻いて、緩和ケア病棟の廊下を散歩する。一周してラウンジの中庭の日が差す場所に車いすを停めると、タイヤを固定し足をラウンジの床につけ、肩のマッサージを始める。

「一日中、ベッドで寝ている瑠美子は、きっと肩が凝っているに違いない」伸一はそう考え、車いすに乗せたまま四十分ほど、肩と腕のもみほぐしをする。昔、酔って疲れた顔で家に帰ると、瑠美子は伸一の肩をよく揉んでくれた。「申し訳ない」と思いつつも、瑠美子の優しさに甘えたものだった。その百分の一にもならないが、今度はその恩返しだ。

脳のがん細胞を攻撃する薬や治療法は、今のところない。しかし、考えられる限りの免疫力を上げる方法を試してみようと伸一は考えた。これらのサプリメントや身体の運動、マッサージに加え、瑠美子の耳元へ話しかけることの効果も信じた。

「免疫力を上げげて、脳のがん細胞を免疫細胞でやっつけようね」

「だんだん、身体が柔らかく動くようになってきたよ」

「二人でがんをやっつけて、家に帰ろう」

「また、車で温泉やゴルフに出かけようね」

と何度も何度も話しかける。

そして、「必ず治るよ、瑠美ちゃん」と。

伸一が信じたい言葉は、きっと瑠美子にも同じように響くはずだ。言葉に出せば、それは力になり身体に影響する。伸一もこれらの言葉に、どれだけ励まされたことか。

「信じて、やり続ける」こうすることで伸一は心の平衡を保つことができた。

瑠美子の人柄

瑠美子は父親が小さな会社を経営する家庭に生まれた。恵まれた環境で育つが、金銭感覚は堅実だった。両親の育て方もあったが、周囲の環境にも影響を受けたのかもしれない。生を受けた場所は大阪市旭区新森で、近くにはダイエー一号店開業地の千林商店街があった。

ここは多くの食料品店や衣料店が軒を連ね、品質や味、価格を競う、大阪でも屈指の激戦区だった。消費者も自然と品定めする目が肥えてくる。そんな商売が盛んな場所で、瑠美子は生まれ育った。合理的で堅実な消費者の考えが、自然と身についたのかもしれない。

瑠美子と伸一は新婚時代に住んだ札幌で、冬に百貨店へショッピングに出かけることが多かった。札幌の中心部には、丸井今井、三越、五番舘、東急、そごうの五つの百貨店があり、多くの客で賑わっていた。

一月中旬の土曜日の午後、二人は自宅マンション前の停留所からバスで大通まで出かけた。丸井今井百貨店に入り、婦人服売り場で瑠美子が立ち止まった。冬物衣料のセールが始まっていた。彼女が服を見始めると時間がかかる。伸一は待ち合わせの時刻を決め、関心のある食品売り場のチェックや、休憩場所で本を読んで時間をつぶすことにした。

四十五分ほどして瑠美子がいた売り場に行くと、手に商品を持っている。伸一に向かって「これとこれなら、どちらが似合う?」「うーん、こっちかな?」伸一は薄いピンク色の服を指さす。瑠美子は商品が置いてあった場所に行き、赤い色の服を戻した。薄いピンク色の服を片手に持ちながら、今度は違う色柄を探しだす。

「また始まったな」こんな時の瑠美子は商品を買わない。少ししてから、「今日はやめとくわ」そう言いながら伸一に近づいてきた。瑠美子は「迷った時は買わない」ということを常にしていた。慎重というか、迷う時は後悔することもあると、知っているからなのだろう。瑠美子は「疲れた」というよりは、「楽しかった」という顔をしている。

伸一自身は、人が多い百貨店などに行くと疲れることが多いが、彼女は逆にエネルギーをもらっている感じだ。自宅では家事や炊事が中心で、外に出ることが少ないからだろう。ストレス発散の場所にしているように思えた。

家計の管理については、すべてを瑠美子に任せていた。若い頃は月に二万円を小遣いとして給料袋から取り、残りを瑠美子に渡していた。彼女がその残りで家計をやりくりする。伸一は臨時の飲み会などで小遣いが足りなくなれば、追加してもらっていた。瑠美子は節約するが、吝嗇ではない。伸一の追加の小遣いの希望に対しても理解があった。同じ会社に勤めた経験があり、付き合いの多い職場であることを知っていたからだ。

むろん伸一の給料の額や、伸一の金の使い方にも文句を言ったことがない。まだ若いサラリーマンの給料では、家計のやり繰りも大変だったろうに。穏やかな性格というか、伸一を信頼していたからなのだろうか。伸一にとっては、本当にありがたい妻だった。

そんな彼女には器用な面があり、普段の生活でちょっとした工夫や改善をすることが好きだった。洋服入れや納戸などの狭い隙間や空間に、段ボール箱を切り貼りして、小物入れを作って活用していた。

我孫子の家の玄関は西側を向いていた。玄関ドアの真ん中に狭い幅の縦型のガラスが入っている。冬は日光が入り良いのだが、夏は西日が玄関奥まで差し込み暑くなるので、犬と暮らすには玄関付近が暑くなりすぎる。そんな縦型のガラスに、いつの間にか厚紙が張られていた。夏の西日をその厚紙が遮断していた。ガラスの下側10㎝ほどは開いており、適度な光が入ってくる。「工夫が上手だな、瑠美子は」伸一はつぶやいた。

万事がこうで、家では力仕事以外の電気関係の取り付けや修理、小さな工作は全て彼女がやってくれた。伸一はマメで器用な瑠美子に、家事全般を任せ切って仕事に専念できた。「料理はあまり得意じゃないの」と結婚前に本人は言っていたが、伸一にとって瑠美子の作る料理はすべて美味しかった。伸一が学生時代に寮生活をしていたことも幸いしたかもしれない。クラブ活動でお腹を減らしてから寮の仲間と食べる食事は、全て美味しく感じていたからだ。

瑠美子は和食から洋食まで、なんでも器用に作った。しかし、食材選びは少しうるさく、生協の共同購入を利用していた。料理の味付けは薄味の関西風で、伸一の好みに合った。同郷というのは、食事の面でもありがたい。

瑠美子の交友関係は広い。ロサンゼルスから日本に帰って、二人は以前所属していたテニスクラブに入った。海外から戻っても何ら変わらない気さくで明るい彼女を、クラブメンバーたちは温かく迎えてくれた。ロスで腕を上げ、クラブのチームでは主力の一人として活躍した。

瑠美子は、女性メンバーたちから大いにかわいがられていた。チームのリーダーになるタイプではないが、リーダーからの相談や、仲間から愚痴を聞く役割を果たしていた。人の話をよく聞き、客観的に判断し、自分の意見を控えめに言う女性だった。そのような点が皆から信頼され、好かれていたのかもしれない。瑠美子と話していると、気取ったり見栄を張ったりする必要がないので穏やかな気持ちになるのだ。

また彼女は昔から、伸一にも他の人に対してもお世辞は言わない。正直に自分の気持ちを伝える。しかし、その伝え方や気遣いには、相手を思いやる心がある。人はその優しさに触れて安らかな気持ちになる。そんな不思議な魅力を持つ女性だった。

結婚してから今まで、伸一は瑠美子と喧嘩らしい喧嘩をしたことがない。瑠美子は伸一の話をじっくり聞き、真正面から反対の意見を言うことはない。意見が合わない時は、「私はこう思うよ」と自分の考えを穏やかに話す。生まれついての優しく温厚な性格から来ているのだろうか？　こんな性格の人を妻にすると、喧嘩にならない。

しかし何度か、伸一も自分の考えを譲らず、決着がつかないこともあった。そんな時に伸一は自分の考えに固執し、少し感情が高ぶることもあった。だが、ある一定以上になると伸一は口をつぐむ。これ以上話しても平行線になると思い、それ以上議論をしない。もちろん、それで解決はしない。話を止めたまま、伸一は二階の寝室に向かう。いつもの習慣で、伸一は夜の十時には床に就く。朝の四時半頃に起き、ケンとの散歩があるからだ。

二人がいつもと違う口調で議論しだすと、ケンは寝たふりをして耳を立て、二人の話を聞いている。決してどちらかに味方をするということはない。しかし、二人の言い争いが好きでないことは確かだ。時に目を開け、心配そうに二人を見る。リビングルームにはマッサージチェアが置かれ、それが大きく場所を取っていた。伸一が寝室に上がると、瑠美子はそのチェアにどっかり座り、テレビの映画番組を深夜まで楽しむ。ケンは瑠美子の横で、安心したように横になる。

朝四時半に伸一が目を覚ますと、その気配をリビングルームにいるケンはすぐに察知する。瑠美子を起こさないよう寝室を出て、そっと一階へ降りる。部屋のドアを開けると、ケンは嬉しそうに立てた尾を勢いよく振っている。伸一は手賀沼の畔をケンと散歩する間、昨夜議論した内容をもう一度考えてみる。一晩寝て冷静になると、瑠美子の意見が正しかったことが分かる。今までおよそ八対二の割合で、瑠美子が正しいことの方が多かった。散歩から帰り一息ついた頃、二階に呼びかける。「瑠美子、起きろよー。時間だよ」低血圧気味のため、朝の起床が少し苦手だ。二度、三度、階下から呼びかけると、瑠美子は眠そうな顔をして階段を降りてくる。

二人は新婚時代から、朝起きて顔を合わせた時に必ず挨拶を交わすことを約束していた。朝の挨拶が家族の間で大切だということを、伸一は父から教えられていた。瑠美子が二階の寝室から降りて来た時に、伸一から「おはよう」と声をかける。挨拶は先手必勝が良い。彼女も何事もなかったように「おはよう」と明るい声で返してくる。

こうなると、昨夜の議論のわだかまりも、感情のもつれも吹き飛ぶ。「昨夜の話題だけれど、よく考えると瑠美ちゃんが正しいかもしれない」伸一は素直に話す。「そうやろ」と瑠美子は嬉しそうな笑顔になる。二人が議論でもめた時は、大体このように決着する。

二〇一六年九月、二人で那須の温泉に行った時のことだ。瑠美子は一人で三春にあるラジウム温泉に二泊して、帰り道に那須の温泉旅館で伸一と二泊することになった。伸一は自宅から車で出かけ、二人は那須塩原駅で待ち合わせをした。

三十分ほど前に那須塩原駅に着いた伸一は、駅のロータリーに車を停めた。「ここなら、瑠美子が駅から出てくればすぐ分かる」九月の那須は涼しく気持ちが良い。

こうして瑠美子を待つのは楽しい。二人が付き合い始めた頃、大阪淀屋橋の交差点で彼女を待っていた時の気持ちが蘇ってくる。定刻通り電車は到着し、瑠美子が階段から降りてきた。愛おしい気持ちが伸一の胸に湧き上がる。彼女を車に乗せ、旅館へと向かう。

伸一は以前宿泊した旅館に、前回と同じ角部屋の予約を入れておいた。その部屋は二方向に窓があり開放感があった。旅館に着き通された部屋は、角部屋ではなかった。伸一は少し強い口調で「ご主人、私がお願いした角部屋と違うじゃないですか」そう言うと、主人は「すみません、こちらのお部屋の方が良いと思いまして。こちらの方が少し広いのです」と言う。

なるほど、角部屋ではなく窓は一つだが部屋は少し広かった。こちらの部屋の方が、旅館の中では格が少し上なのだろう。「わかりました、事前にお願いした部屋と違っていたもので」伸一は宿の主人に了解の旨を伝えた。

主人が部屋から出て行ってから、瑠美子は「伸ちゃん、上から目線で話していたよ」と優しくたしなめてくれた。伸一にしてみれば、事前に予約した部屋と違っていたから言っただけで、上から目線で話したつもりはない。しかし、彼女の目にそう映ったことは事実で、言い方が少しきつかったかもしれない。

以前も会社の仕事が忙しく、余裕がなかった時に言われたことがある。「あなたの言い方は、命令口調に聞こえるよ。そんなふうでは、部下の人たちが嫌になるよ」そう優しく諭された。

「なるほど、瑠美子の言うとおりだ。心に余裕がなかった」彼女の言葉はなぜかすっと胸に入ってくる。それは、「瑠美子は私のために言ってくれている」と感じるからだ。そう感じさせる優しさと会話力が、彼女にはあった。普段から偏見を持たず皆に優しいからこそ、瑠美子の言葉は伸一の心にしみる。

「良い人を奥さんに持った」伸一は心からそう思っていた。

この他にも、伸一が狭い視野になっている時や冷静でない時には、優しくたしなめてくれた。そして、たしなめられて「ありがたい」と思わせるところが、彼女のすごいところだ。それは、二人が信頼しあうことの素晴らしさを知っていたからだろう。伸一は瑠美子に感謝し、その感謝の心を彼女も理解することで、二人の生活に安らぎと、得も言われぬ温もりをもたらしていた。

瑠美子が緩和ケア病棟に入院して、伸一は二人の生活を初めてゆっくり振り返る時間を持った。新婚時代の札幌、東京に転勤してからの生活。故郷大阪への転勤、東京へ再度戻ってからの生活。ロサンゼルスでのケンとの出会いと生活、そして東京で過ごした定年までの生活。どの時期の生活を振り返ってみても楽しかった。瑠美子がいつもそばにいて一緒に行動し、笑い、悩み、共に仲良く歩んできてくれた。

瑠美子がそばにいてくれることが当たり前で、そのありがたさをあまり考えたことはなかった。彼女がくれた優しさや思いやりに対して、入院中のこの時ほど深く感謝したことはなかった。振り返ってみて、「自分は何と素晴らしい人と結婚したのだろう。何と楽しい時間を、共に過ごしてきたのだろう」と伸一は痛感した。

サラリーマン人生で大切なことは、人によって違う。仕事での成功や出世、他人からの尊敬や仲間との共感、また健康や金と言う人もいるかもしれない。しかし、愛する人がいなくなるかもしれない状況になれば、それらは全て色あせる。

それらが価値を持つのは、喜びを共に分かち合える人と一緒の時だけだ。愛する人と別れなければいけない時が近づいて初めて、その愛した人の本当の素晴らしさ、ありがたさが分かるとは、何という悲劇だろう。

結婚して以来、伸一はずっと瑠美子の優しさや献身的な支えに感謝してきた。でもそれは、これからも当たり前のように続くものと考えていた。心では感謝していたが、「瑠美ちゃん、ありがとう。感謝しているよ」と面と向かって言うことはなかった。男は外で懸命に働き、愚痴をこぼさず家にしっかり給料を持って帰る。そうすることが、家族を愛している証なのだと思っていた。

「独りよがりだったのかもしれない。もっと瑠美子に対して、感謝を口にすべきだった」

動けなくなり、話せなくなった彼女の耳元で、いくら感謝の言葉を叫んでも遅すぎた。遅すぎるかもしれないが、それでも毎朝毎夕、「瑠美ちゃん、愛してるよ」「結婚してくれてありがとう、感謝してるよ」と言い続けることを伸一は止めなかった。

二人だけのクリスマス――二〇一七年十二月

瑠美子は入院後、手と足にアロマ・トリートメントをしてもらったことがある。十月のことだ。

月に二度、緩和ケア病棟にボランティアの方が来て、患者や患者の家族に行ってくれるもので、希望者は事前に看護師にお願いすれば、無料で受けられる。こうしたボランティア活動には頭が下がる、本当に嬉しいサービスだった。

アロマは花と木の香りの二種類があり、好みのアロマを選ぶことができた。花のアロマは少し甘く、華やかな香り。木のアロマはすっきりとした、清々しい香りがする。瑠美子には花のアロマをお願いした。彼女に似合う香りだった。

トリートメントをしてもらっている間、ボランティアをしている赤木さんの話を聞いた。ご主人が函館・中部高校の卒業で、奇遇にも伸一が大学時代に教育実習で世話になった高校だった。話をしていると、懐かしい函館の記憶が胸に蘇った。気を抜けない看病の中で、ほっと心が休まるひと時だった。

十二月十三日にも、赤木さんにアロマ・トリートメントをしてもらった。瑠美子が先に受け、外出から帰った伸一もそのあとにお願いした。「奥様、二か月前よりもお元気になった感じがします。目の動きや顔の表情が、以前より良くなっているように思います」と赤木さんは話してくれた。

それを聞き伸一は、胸の奥から嬉しさがこみあげてきた。伸一も近頃、瑠美子が覚醒している時間が長くなり、目の動きも活発になったように感じていた。しかし身内のひいき目と思い、このことを誰にも話していなかった。栄養食の経管導入も順調に続いており、下痢もなくなっていた。

二日前の十二月十一日には、ロサンゼルスで一緒にテニスをしていた杉山桂子がお見舞いに来てくれた。病室に入るなり瑠美子の顔を見て、「ずいぶん顔色が良いのですね」と驚いた。化粧をしていない瑠美子だが、唇は鮮やかなピンク色で、顔の血色も良い。佳子は病室にいる間、瑠美子の右手を握り続けてくれていた。ロスでのテニスやケンとの楽しい思い出話を、瑠美子の耳元で聞かせてくれた。その間、瑠美子は目を開け黒い瞳を左右に動かす。まるで話の内容が分かって、会話をしているような錯覚に陥った。

このようなことが続く中、十二月十四日に受けたＣＴ検査の結果が、松本医師から伝えられた。約三か月前のＣＴ検査の画像と比較した報告だった。結果は思わしくなかった。画像診断書には、「胸部・上腹部は、多発肺内転移の増大傾向、右肺背側に新たな浸潤影ありで胸水の出現」とあり、さらに両側水腎症で両腎結石が映っていた。

頭部は「がん性髄膜炎、水頭症の増悪傾向を認める」とされ、前回に比べて「脳室拡大し、脳溝は不明瞭化している」とある。これらは、病状が悪化していることを明確に示していた。ただ、こうも記されていた。

「明らかな肝転移なし」「明らかな骨破壊像は指摘できない」「明らかな脳実質内の腫瘤性病変は指摘できない」「頭蓋骨に明らかな転移は指摘できない」

松本医師からは、「腎結石が形成される理由は良く分からないのですが、水腎症で新陳代謝がうまくいってないことが原因かもしれません」との説明があった。

そして「一度、自宅へ戻りますか」と松本医師が尋ねた。どういう意味かは分からなかったが、伸一はすぐに断った。家に帰り、一人だけで瑠美子を看病していく自信がなかった。入院前に自宅で看病していた頃、眠れなくなり、鬱になりそうだったことを話した。

「それはご主人の責任感が強いからですよ」と医師は言ってくれた。患者の家族の心をいたわる、優しい言葉だった。伸一は「医師とはこうあるべきだ」と思った。患者や患者の家族に寄り添った言葉が心にしみた。

科学技術の進歩で、身体の奥の臓器変化まで画像で見られるようになり、今回のＣＴ検査では病状の悪化が明確に示された。しかし、現実の瑠美子は覚醒時間が長くなり、目の動きが多くなっている。股関節など身体的動きの柔軟さが増すなど、良い方向に向かっているように思えた。伸一は、CT検査の結果を深く考えないことにした。そして、「こうなったら、瑠美子の耳元で免疫力が上がる言葉を話し続け、運動や身体に良いと思われるサプリメント服用を続けよう。信じる者こそ強いのだ」と自分に言い聞かせた。

十二月初旬、クリスマスツリーが緩和ケア病棟のラウンジに飾られた。高さ2mほどの組み立て式の大きなツリーだ。飾りは赤色を基調にした丸い球やリボン、サンタクロースの人形などが、バランス良く飾られている。ツリーの葉の濃い緑色に、赤色の飾りが美しく映える。

終日、規則正しく点滅するツリーの電飾球は、瑠美子の命の脈動のようにも思えた。「ずっとクリスマスが続き、この電飾球もずっと光り輝き続けて欲しい」密かにそう願った。

ラウンジの日の当たる場所に、大ぶりのシャコバサボテンが二鉢飾られた。ブラジルの山岳部が原産の、冬に開花するサボテンの一種で、クリスマス・カクタスという別名もある。葉の茎節が山なりに連なり、先端に赤い花をつけている。病棟内は温度管理されているため、たくさんの花をつけ華やかだ。茎節の葉が薄い緑色で、先端の花が朱赤色。クリスマスの時期にふさわしい彩りになっていた。中庭におかれたテーブルには、電飾球が飾られ美しく点灯している。夜、キッチンへ瑠美子の額を冷やす氷を取りに行く時、その電飾を見るたびに気持ちが和んだ。

ロサンゼルスで暮らした時は、十一月第四木曜日のサンクスギビングデー（感謝祭）が終わると、クリスマスの飾りつけを始めた。瑠美子と二人で室内に大きなツリーを立て、好みのオーナメント（装飾品）を飾った。さらに家の外も、屋根沿いに電球が付いた線を張り、軒下にはツララを模した電飾球をつるしたものだ。ロスではどの家も工夫をこらして、装飾を楽しんでいた。

それだけに、クリスマスの飾りつけは懐かしい風景に映った。病院の正面玄関前にある大きな樹にも、青紫色をしたLEDランプがツリー状に飾られ、一晩中点灯していた。深夜、病院を離れる際に見る、その透明感ある電飾灯は美しかったが、色のせいか少し寂しくも感じられた。

この時、入院してから二十週、すでに百四十日目を超えていた。病状は安定し、一日に1000ccの液体栄養食「ラコール」と白湯250cc、野菜ジュース150ccとサプリメントを摂っていた。約1000Kcalの摂取となる。野菜ジュースにはサプリメントを加え、鼻の経管から胃に入れていた。むろんサプリメントは、伸一が松本医師に願い出て許可を得ているものだ。

この頃になると、瑠美子との朝夕のベッドでのトレーニングは、医師や看護師の間に知れ渡っていた。朝は、おむつ替えを終えた五時過ぎから始まり、腕・肩・股関節の柔軟運動を四十分ほど行う。そのあと、口内の清浄がある。粘ついた痰や唾液が、上あごや舌の上にこびりついている。これを丁寧に取っておかないと、気管に入りトラブルの原因になりかねない。夕方は午後四時頃、同じ運動と口内清浄を行った。看護師たちも心得ており、運動が終わる頃に食事の準備をしてくれる。

夜十時に行っていた白湯１００ccの注入が、昼食後に代わった。これは次のような理由による。夜の食事として４００ccの液体栄養食とジュースを摂り終えるのが、午後八時くらいになる。胃が一杯で、「チャプン、チャプン」と鳴るほどなのに、さらに二時間後に１００ccの白湯注入はかわいそうでは、と伸一は考えていた。適量の小水も出ていて、夜間に水分が足りなくなるとは考えにくい。看護師にも意見を聞き、松本医師に申し出て午後十時の白湯１００ccの注入を、昼食後に代えてもらった。

夜の白湯の注入がなくなったことで、伸一が自宅へ帰る時刻も以前の午前二時過ぎから、午後九時前後に早めることができた。午前二時頃に自宅へ帰る道は、人も車もほとんど見ることがなかったが、午後九時頃はまだ多くの車や人が行きかっている。

「病室の外の世界は、いつも通り動いている」

普段なら当たり前の光景が、病室にこもる身にとっては新鮮に映った。誰もいない暗い自宅に入ることも、最近は慣れてきた。しかし家の主がいないのは、やはり寂しいものだ。世帯主は伸一だが、家の真の主は瑠美子ということが良く分かった。

彼女が家をしっかり守ってくれていたからこそ、伸一は後顧の憂いなく全力で働けた。

改めて、彼女の存在の大きさに気づかされる。いつ帰っても、灯《あか》りのともった家と暖かい部屋が待っていた。温かく美味しい料理と、瑠美子の笑顔。家庭の温かさと瑠美子という存在のありがたさを、あの時は当たり前のように思っていた。

前日に洗濯し、部屋干しをしていた衣類が乾いている。手早くたたんでいく。瑠美子の肌着はベージュ色の綿の半袖で、病人が着脱しやすいよう前開きになっている。ボタンの代わりに、マジックテープで止めるよう工夫されていた。その肌着をたたむ時、「何と小さく、細身なのだろう」と寂しい思いを感じながら、優しくたたんだ。

「入院したのが七月十八日だから、もうすぐ五か月になる」伸一はつぶやく。妻の看病に、これだけ打ち込めるのはどうしてだろう。親兄弟や子供ならともかく、元はと言えば赤の他人だ。もちろん好きで一緒になった相手で、結婚して三十九年間という長い年月を共に過ごしてきた。寂しい時、苦しい時も二人でいれば心は癒された。嬉しい時、楽しい時は二人で喜びを分かち合った。

昭和の後半から平成の終わり近くまで夫婦として、日本という時空で一緒に過ごし、苦しさや喜びを共に分かち合った伴侶だ。その長い年月は、愛する人を愛おしい人に変えていく。見返りを求めない愛、心から愛おしさを感じる愛――。先の見えない看病の日々を、こうした瑠美子への思いが支えていた。

結婚して以来、この時期のクリスマスシーズンは、二人にとってゆっくり過ごせる季節だった。会社が扱う商品の歳暮商戦が終了し、瑠美子が年末に大阪へ帰省する前の、少し時間に余裕ができるひと時だった。今年は違った意味で、二人だけのゆったり流れる時間を過ごしている。こんなに濃密な時間を、今まで経験したことがなかった。

一日のうち二十二時間を瑠美子と一緒の病室で過ごす。この充実した一日は、普通の生活の何倍もの価値があった。彼女のためにだけ、伸一のすべての時間を捧げる。入院して丸五か月間、ずっとベッドの横で寝て看病に没頭してきた。伸一はこれっぽっちも苦に感じなかったし、思わなかった。

神様が与えてくださった、二人だけのクリスマスだった。

第六章　想い

入院して百八十日目――二〇一八年一月中旬

伸一は母のみつよが入居する老人施設へ車で向かった。母の好物の大福を手土産に施設の受付で記帳し、エレベーターに乗り込む。建物は二年前にできたばかりで真新しい。施設の中の壁は明るいベージュ色で、入居者の部屋のドアは木目調の茶色だ。

住む人の気持ちに配慮した、柔らかな色合いにまとめられていた。その意味では、緩和ケア病棟に使われている色調と似ている。一階から階上に向かうに従い、木目の色調は濃い色から薄い色に変わっていく。職員や入居者が、自分のいる場所の階数が分かるように色を変えているのだろう。

伸一が三階の母の部屋に入ると、母はベッドで横になり休んでいた。両足に靴を履いたまま、布団の横から出している。昼食を食べた後、眠くなったのだろう。二〇一七年八月に満九十八歳を迎えていた。

「おふくろ、伸一だよ」ベッドに近寄り呼びかけた。うっすら目を開けると、「伸ちゃん？来てくれたん？」嬉しそうな顔を伸一に向けた。

母はベッドの手すりを持ってゆっくり上体を起こすと、歩行補助機を持って立ち上がり、おぼつかない足取りでテーブルに向かう。伸一は母が一人でできることについては、手伝わないようにし、危なく思える時だけ支えるようにしていた。これも、呆けさせないための工夫だ。この数年で母は小さくなった。この一年だけでも、ずいぶん老け込んだように感じる。いすに座った母に、「さあ、「エビオス」を十錠飲んで」と数量を母に数えさせる。母はぬるいお茶で二回に分けて飲んだ。父も母も、この整腸剤を数十年間飲み続けた。このお蔭で長生きができているとは思わないが、瑠美子も伸一も結婚して以来、同じ整腸剤を飲み続けていた。

エレベーター横の談話スペースには、熱いほうじ茶がポットに用意されている。急須に熱いほうじ茶を入れ、母のコップに注ぐ。そして大福を差し出すと、「何、これ?」「何だと思う?」「大福か?」そう言うと、母の顔がほころんだ。

母との会話は、看病に疲れ気味の伸一の心を和ませる。瑠美子が元気な時は、朝夕の二回母を訪ね、昔の話を聞きながら小一時間近く相手になった。しかし、瑠美子が入院してからは午後に一度だけ、滞在する時間も二十分から三十分ほどになった。母には申し訳なく思うが、「今は瑠美子に１００％時間をかけてやりたい。少しでも長く瑠美子と一緒にいたい」そんな気持ちが強かった。

緩和ケア病棟に入院する時、「瑠美子が緩和ケア病棟に入院することになったよ。これからは、来られるのは日に一度、時間も短くなるよ」と母に話すと、「伸一の大切な奥さんや。私は我慢するから大丈夫」と気丈に話してくれた。

母は少し呆け始めていたが、まだ会話はできた。

伸一が「瑠美子は優しく、頭も良くて、美人だよ。おふくろも優しく、頭も良くて、それなりに美人だね」こう言うと母は「それなりには、いらんわ」と笑って応える。もっと時間をとってゆっくり話をしたいが、瑠美子のことが気にかかる。テーブルに明日来る時刻を書いた紙を貼り、母に別れを告げる。部屋を出る時、母は寂しそうな顔をするが、「伸一は瑠美子の看病が一番」ということを理解してくれている。

母の施設から車で五分の自宅に戻る。部屋の電気をつけると、植木鉢のリュウゼツランが黄色く変色し始めている。部屋の温度が低いため、枯れ始めていた。留守の時間が長く、温度管理が十分できないのだ。かわいそうに思ったが仕方がない。

伸一が自宅にいられる時間は少ない。手早く洗濯機を回し、郵便物をチェックする。ずっと病院に寝泊まりしているので部屋の掃除はしない。風呂に入るのも二日に一度だけだ。病室に残した瑠美子のことが気がかりで、自宅でゆっくりしようという気持ちにならないのだ。家を出る時、リビングの窓越しに見えるケンの墓に手を合わせる。「ケン、マミーを守ってね」と瑠美子の快復をケンにもお願いする。

緩和ケア病棟に戻る途中、コンビニに立ち寄り、夜の食事と野菜サラダのパックを買い求める。車のスピードが自然と上がる。だが、早く病棟に戻りたい気持ちを落ち着かせる。「もし事故でも起こせば、瑠美子を一人にさせる時間が長くなる」車に乗る時は、いつもそのことを念頭に置いていた。

緩和ケア病棟の駐車場は病棟の真下にあり、患者の家族が優先して止められる。三階の病棟受付で看護師に戻ったことを告げ、足早に病室へ向かう。病室を出てから一時間四十分が経っていた。

「今帰ったよ。ごめんね、寂しかったね」「このあとは、ずっと一緒にいるからね」と瑠美子の耳元に話しかけてから手を洗う。すぐ額に手をあて、発熱していないかチェックをする。「熱は大丈夫だ」体温計を瑠美子の脇もとに入れ計ると、予測通り体温は37・5度だ。最近は体温が37・1度から37・7度と安定している。頭の下のクーリングは三週間前から止めて、脇に保冷剤を挟み、太い血管をクーリングしていた。

病室の小さな冷蔵庫に、買ってきた弁当とパック野菜を入れ、部屋を片付ける。瑠美子とよく聞いていたCDをかけて一息つくと、時計の針はもう午後四時を指していた。

「瑠美ちゃん、ルーティンの運動を始めるよ」

瑠美子は目を覚ましているが、薄目開きだ。電動ベッドの頭側を少し上げ、足元側も少し上げる。運動をする時に、身体が上下にずれないようにするためだ。最初は右腕の回転と伸縮の運動を行う。徐々に瑠美子の目がしっかり開いてくる。脳が覚醒してきている証拠だ。両腕が終わると、いつもの股関節の運動に取りかかる。

脳は身体の部位に命令して、腕や足を動かす。その逆もまたしかりで、腕や足を動かすと脳が刺激され目を覚ます。脳髄膜のがん細胞が瑠美子の身体の機能を侵し、動けなくしているので、腕や足など身体を動かして脳を刺激する。「脳を活性化すれば、免疫力が上がるかもしれない」と伸一は信じていた。

また、三か月前から足裏の刺激を始めた。瑠美子の足の指を一本ずつ、伸一の親指と人差し指で挟み、パチンと音が鳴るように引っ張る。そのあとは足裏の刺激だ。伸一は右手の中指を曲げて尖らす。その尖った部分で、瑠美子の足裏をゴリゴリとゆっくり押していく。瑠美子は口を開け、その刺激を明確に感じている。

気持ちが良いのか痛いのか、伸一には分からないが、構わず続けていく。

長い間、寝たままで歩かなくなると、足の筋肉が極端に痩せてくる。瑠美子のふくらはぎの筋肉は、入院して六か月で半分ほどにしぼんだように思えた。足首も掛け布団の重さで伸び切ってしまい、固まってくる。この足首をゆっくり回転させて柔らかくし、つま先を歩く形になるよう脛側に曲げる。瑠美子は口を大きく開き、呼吸する音が大きくなる。「痛い？　我慢してね」伸一は瑠美子の脳への刺激になることに加えて、将来意識が戻った時に歩ける状態をキープしておきたいと考えていた。その可能性は限りなく低いが、奇跡を信じて、良いと思うことを続けていた。

今、摂取しているサプリメントに、一旦中断していた乳酸発酵のハナビラタケの粉末を加えることにした。入院した当初は、この乳酸発酵ハナビラタケのサプリメントを摂っていたが、下痢が続いたため中断していた。

下痢の原因は他にあったことが、あとで分かった。瑠美子の血液検査の結果、カリウムの数値が基準より少し低かったため、L－アスパラギン酸カリウムを摂取していた。これが下痢の原因ではないかと考え、医師に相談して中止することになった。その効果はすぐに出た。一か月半続いていた下痢がピタリと止んだのだ。

その後の血液検査の結果も、カリウムの数値が少しだけ基準より低い状態で、従来と変わらなかった。血液検査の項目別数値には個人差があり、瑠美子はもともとカリウムの数値が基準値より少し低かっただけなのかも知れない。

免疫力を上げると思われるサプリメントの摂取と、ルーティンの運動。それに一日に一時間、車いすに乗せて、肩のマッサージをすること。伸一は免疫力が上がると思われることは、積極的に取り入れた。「良いと思われることを、飽きずにやり続ける」伸一は他の人に比べ、少しだけ根気があると思っていた。

しかし、時には瑠美子の横で、静かに涙を落とすこともあった。今の悩みや苦しさを、相談する相手がいないことが辛かった。正しく良いことだと思い続けても、逡巡する時があり、一人でいると内向きの考えが堂々巡りする。瑠美子が元気な時は、自分の考えが間違っていないか相談できた。しかし今は、一番の相談相手が何も答えてくれない。その答えてくれないことに対する涙だった。

看病を続けていると、どうしても過去の記憶を思い出してしまう。

「あの頃は気づかなかったが、一番幸せな時期だったな」

「あの時は、二人よく頑張ったな」

「あの時は、瑠美子が私を良く支えてくれたな」

あれこれ思い出しながら、気づいたことがあった。伸一はずっと瑠美子を愛していたし、その優しさや支えに感謝していた。しかし、ビジネスパーソン時代は仕事に追われ、きちんと感謝の言葉を瑠美子にかけることを怠っていた。そのことが悔やまれて仕方ない。

「思っている大切なことを口に出すのを、決してあと回しにしてはいけない。今を大切にしなければ、未練のない過去は得られない」

だが、今は違う。毎日、伸一は瑠美子の耳元で伝えたいこと、感謝の言葉を何度もささやく。あの時に言えなかった言葉を。「瑠美子を愛しているよ」「大好きだよ」「瑠美子と結婚して幸せだよ」「瑠美子に感謝しているよ」と。

もし、一生に一度だけ願いが叶うなら、瑠美子からもう一度、呼びかけてほしい。「伸ちゃん、元気になったよ」と。あの明るい、少しおどけたような笑顔をもう一度見たい。伸一を信頼して疑うことのない、安心した満足そうな笑顔。あの笑顔をもう一度見せてほしい。

瑠美子との何気ない普段の生活が、一番幸せであったことを今になって分かった。人は本当の幸せに感謝し満足することなく、さほど重要でないことを追い求めてしまう。人と比較して、自分の幸せを計りたがる。でも人の幸せはそれぞれ違い、比較できるものではない。明日、自分が死ぬと仮定をして、「自分にとって本当の幸せは何なのか？」を心に問わなければいけない。惰性に流されてはいけないのだ。


耳元で今日も瑠美子にささやく。

「愛しているよ」

「瑠美ちゃんと結婚して幸せだよ、感謝しているよ」

瑠美子の瞳は、天井を見たまま動かない。呼吸する時に空気がのどを通る音が、伸一がささやいている間だけ小さくなる。じっと耳を澄まして聞き漏らさないよう、音を小さくしたかのように。伸一は、そっと唇を瑠美子の開いた唇に近づけ重ねる。すると瑠美子も薄い唇を閉じて、伸一の唇と重ねようとする。

「瑠美子はちゃんと分かっている、すべて理解している」

そう思うと伸一は無性に嬉しくなり、涙がこぼれないよう顔を上げて、窓の外の林に視線を移した。遠くの濃い緑色の木々が、滲んで見えた。

瑠美子への想いと瑠美子の想い

深い理由はないが、「瑠美子より先に自分は死ぬ」と、若い頃から思っていた。

二人には子供がいない。伸一は遺言書を作成し、瑠美子に全財産を残そうと考えた。五十代初め頃のことだ。財産と言っても多くはないが、瑠美子が老後に困らないようにとの想いからだった。伸一には両親がいるので、自分が亡くなった場合、通常は財産の三分の二を妻の瑠美子が相続する。しかし、遺言書には両親に宛てて、瑠美子に全ての財産を相続させたい旨を記した。

「私が仕事に邁進できたのは、瑠美子が一所懸命に家を守ってくれたお陰です。私のささやかな財産は、二人が苦労して蓄えたものです。私の全財産を瑠美子に相続させたいので、どうか父、母の相続を放棄してください」

このような内容である。父はその頃九十三歳で、母は八十六歳だった。遺言書の内容は両親に話さなかったが、きっと理解してくれるものと信じていた。

遺言書は毎年、新年を迎える時に新しく自筆で書き直した。それを瑠美子に手渡し、自分の気持ちを直接伝えていた。彼女もその遺言書を大切に保管していた。瑠美子ががんになるなど考えてもおらず、「お前百まで、わしゃ九十九まで、共に白髪の生えるまで」と昔から言われる言葉を、当然のように信じていた。

「人生は思うようにいかない」病室で伸一は改めて思った。しかし、遺言書を書き残すことで、自分の感謝の気持ちを瑠美子に伝えて来たことは確かであり、その意味では良いことだったと自らを慰めた。

瑠美子がノートに書く綺麗な字も、今は見ることができなくなった。彼女の大きな魅力、生き生きとした顔の表情もなくなった。二人のコミュニケーションが全く取れなくなった。耳元で話しかけ、うなずいて理解を示した最後の機会は、八月十三日だった。今は一方的に伸一が話しかけるだけで、それを理解しているかどうかは分からない。しかし、伸一が話しかけると、息を止めて聞こうとする気配を感じることができる。

伸一は瑠美子に分かっていて欲しいことを、耳元で毎日話すようにしていた。

「瑠美子と結婚して幸せだよ」。もう一つは「瑠美子にとても感謝しているよ」、そして最後は「生まれ変わっても、瑠美子にプロポーズするよ」の三つだ。

三つ目の言葉は、二〇一七年六月に五本松公園を散歩した時に伝えた、「生まれ変わっても、もう一度瑠美子と結婚したいよ。瑠美ちゃんはどう？」と問いかけたことに関連する。あの時、瑠美子は「うーん、分からない」と答えた。あの時の「分からない」という返事が、どうしても伸一は気になっていた。正気で判断できる最後の時期に、彼女に聞いた言葉だったからだ。

昔から瑠美子は、その場しのぎの嘘はつかない。五本松公園での言葉は、本音だったのかもしれない。判断力が薄れていく中、イエスでもない、ノーでもない感情。伸一はその時、瑠美子に真意を確認しなかった。分からないことが真意だったのだ。それがイエスでなくても良いと、今は思っている。「自分の気持ちを、素直に瑠美子に伝えることこそ大切だ」今は答えてくれない彼女に、毎日何度も伝える。それが大切なのだと。

瑠美子と会話することの大切さとありがたさを、この時ほど感じたことはない。瑠美子との何気ない普段の会話、ふざけたり茶化したりすることもあった。それが二人にとっては楽しかった。大切なことを話さなかったと悔やむこともある。しかし、普段の会話の中に、瑠美子の優しさや思いやりを感じること、これほど真実の会話はないだろう。

しかし、今となっては日常の会話もできない。どれほど感謝の気持ちを伝えようと思っても、理解して頷いてくれる彼女の姿はない。看病する中で、このことは本当に寂しく思う。たとえ話せなくても、瞬きや頷きで合図を返してくれれば、どんなに嬉しいだろう。今後、瑠美子の身に起こるだろうことを考えると、辛く耐え切れない気持ちになった。

そんな時に、書物に書かれていた言葉を思い出した。

「神よ、変えることのできるものは、それを変えるだけの勇気を与えたまえ。変えることのできないものについては、それを受け入れるだけの心の落ち着きを与えたまえ。そして変えることのできるものと、できないものを見分ける知恵を授けたまえ」

これは、アメリカの神学者ラインホルド・ニーバーによる「ニーバーの祈り」の一節だ。

今の伸一は、変える勇気は持っていると思えた。しかし、受け入れるだけの心の落ち着きは、まだ持ち合わせていなかった。だからこそ、今自分ができることにだけ、集中するようにしていた。そして、頷いてくれない瑠美子に、自分の大切な想いを繰り返し耳元で話しかけていた。

「また、伸ちゃんのルーティンが始まったわ」

朝は明け方前のおむつ替えが終わった後、夕方は夕暮れ前のおむつ替えの後。いつも決まった時刻にルーティン運動が始まる。今、私が動かせるのは手の指先くらい。身体全体が重力でベッドに引き付けられていて、すごく重い。筋肉もずいぶん細くなったように思う。それとも、自分の脳が身体を動かすよう命じていないだけかしら。確か、肺腺がんのがん細胞が脳に転移し、がん性髄膜炎と診断されたのは、ずいぶん前のこと。

「運動をしながら、話しかけてくれるのは嬉しいのだけれど、いつも同じことばかり」「伸ちゃんは、自分が想っていることを伝えたいのかもしれないけれど、そんなこと知っているわ」

伸ちゃんの性格は、分かりやすいんだから。正義感が強く曲がったことが嫌い。きっと会社でも、あまり融通が利かなかったんじゃないの？　でも、そんな伸ちゃんが好きで結婚したんだよ。

「瑠美ちゃん、腕を回すよ。まずは右腕だよ」

また耳元で大きな声、私が聞こえないとでも思っているのかしら。もっと優しくゆっくり回してよ、もう力まかせなんだから。

「瑠美ちゃんと結婚して幸せだよ。感謝しているよ」「次男のところに嫁に来たのに、両親の面倒をよく見てくれたね、ありがとう」

もう、この言葉も何回も聞いてるわ。でも、直接言われて悪い気はしないけれど。伸ちゃんは優しいね。こうして、動かなくなった私の身体を、何か月も根負けしないで柔軟運動をしてくれるなんて。

「私も感謝しているよ、楽しい人生を一緒に過ごせたよ」「自分では到底できないことを経験させてくれた」「いろんな所に連れていってくれて、楽しかったよ」

伸ちゃん、私たち「日本尊厳死協会」に入っていたよね。もし、私の病気が不治の状態で、死が迫っていると診断された場合は、ただ単に死期を引き延ばす延命措置はしない約束だよね。私はまだ大丈夫ってこと？　もしダメなら、いつまでも無理する必要はないよ。

私が入院してから、ずっと私の横で寝てくれているのを知ってるよ。伸ちゃんがいつも耳元で、「この運動で免疫力を上げて、がん細胞をやっつけるぞ」って話してるでしょ。

免疫力を上げるサプリメントも、三、四種類を野菜ジュースに入れてくれているわね。感謝の気持ちは伝えられないけれど、本当に嬉しいの。伸ちゃんが一所懸命、私のために尽くしてくれているのが。

こんなに伸ちゃんが私にしょっちゅう話しかけてくれるなんて、私が元気な時はなかったものね。一日のうち、伸ちゃんが私と一緒に二十二時間近くいるというのも、今までなかったね。結婚して以来、一番濃密な時間を過ごしているよ。

私が心配しているのは、伸ちゃんの身体なんだ。食事はいつもコンビニのお弁当でしょ。えっ、野菜をしっかり食べているから大丈夫だって？　体重もずいぶん減ったじゃない。今、何kgあるの？　62kgですって？　現役の時は73kgあったのに。

だから男はだめねえ。奥さんに食事から家事まで、すべて任せているんだから。私がもっと元気な時に、伸ちゃんにいろいろ教えておくんだったな。家の庭の草木も、枯らしてるんじゃない？

そりゃ、少しでも早く病室に戻ってきてくれるのは嬉しいよ。でも、そんなに慌てなくても私は大丈夫。それより、部屋の植物や庭の花にも水をやってね。しっかり愛情を注ぐのよ。そうすれば応えてくれるわ。でも、見返りを求めてはいけないよ。自分がそれをすることが好きだからと思ってやれば、相手にもその気持ちが通じるよ。

伸ちゃんは昔から効率を考え、何でも急いでやろうとしてきたね。でも違うよ。大切なことは速さよりも、丁寧さだよ。伸ちゃんは会社の仕事中心だったけれど、世の中は会社の論理と違うことが多いんだよ。相手の気持ちを分かってあげて、相手に心を寄せてごらん。また違う景色が見えてくるから。

それから、「星の王子さま」の本に書いてあった言葉、「ものごとはハートで見なくちゃいけない、大切なことは、目に見えないからね」あれって本当だと思う。人は立場が違えば、感じることや思うことはずいぶん違ってくるよ。ハートで見るということは、慌てていては見えないよ。丁寧に相手を見て。しっかり観察していれば、ハートで見ることができるはずよ。あなたはもう現役を引退したのだから、効率を考えすぎないで、ゆとりを持って物事にあたってね。

伸ちゃんと結婚してから、いろんな土地に転勤したね。札幌、東京、大阪、東京、ロサンゼルス、東京――。サラリーマンの妻ですもの、覚悟はしていたわ。転勤しないとサラリーマンは偉くならないって、誰かが言っていた。そしてあなたは、会社で充分に活躍したわ。口には出さなかったけれど、私は伸ちゃんの奥さんで本当に幸せだった。子供は授からなったけれど、ケンと出会って幸せな家庭を築けたわ。もし子供がいても、同じような家庭だったと思う。あなたが私と同じように子供を愛し、子供はあなたと私を同じように好きで、あったかい家庭を築いたと思うよ。本当に幸せな家庭をね。

伸ちゃん、ちょっと眠くなってきたわ。看護師さんが栄養食を４００cc、鼻のチューブから入れてくれたものね。私も頑張るよ。免疫力を上げて脳のがん細胞をやっつけられるよう、自分の免疫細胞に命じるからね。

少し寝かせてね。元気になるからね、約束するよ。

「瑠美子、眠そうだね。ゆっくりお休み。明日もまた、柔軟運動をするからね」

「嫌だと言っても続けるよ、必ず治るからね」

「瑠美子も脳の免疫細胞に命じてね、がん細胞をやっつけるように」

窓の外を見ると、いつの間にかボタン雪が降りだしていた。夜まで降り続けると、積もるかもしれない。

伸一は、二人楽しく過ごした札幌時代を思い出していた。

「あの時も雪が降れば、こうしてずっと二人で一緒にいたね。遠く離れて知った人が少ない札幌でも、二人でいれば心強かったね。瑠美ちゃん」

「今日は車いすに乗っている時間が少し長かったかな、随分眠そうだよ。ゆっくりお休み」

「瑠美ちゃん、愛してるよ。生まれ変わっても、もう一度プロポーズするからね」

入院二百日目にして思うこと――二〇一八年二月

「今日は瑠美子も眠そうだ。ベッドでの柔軟運動も、時間が長かったから疲れたのかな」

「でも、よく頑張ってくれている」

闘病生活を振り返り、伸一は感謝の気持ちをつぶやいた。

伸一にとっては瑠美子の入院前、二〇一七年六月から七月中旬にかけての時期が一番辛かった。彼女の身体と脳の機能が、階段を転げ落ちるように悪化していったからだ。相談する人も身近におらず、悩みを打ち明ける人もいなかった。今まで四十年近く、人生のあらゆる場面に瑠美子という良き相談相手がいた。彼女はいつも、伸一の悩みを静かに聞き、しっかり理解して適切なアドバイスをくれた。

穏やかで温厚な性格、笑顔が素敵で一緒にいるだけで幸せになる。しかも、人の話を聞く力を持っている。でも、今は話しかけても何の反応も示さない。いや、反応は少しある。伸一が耳元で話しかけると、瑠美子は口でする大きな呼吸音を静める。神経を耳に集中しているように思えた。だが応答はなく、一方通行の会話だ。それでも伸一にとっては、瑠美子が悩みを聞いてくれているように感じられた。

伸一の母が自宅近くの老人介護施設に入ったのは、二年前の九十六歳の時だ。父が亡くなってからは、伸一の自宅近くのマンションで一人で暮らしてきた。瑠美子は母のために買い物をしたり、病院に連れていったりと、十分すぎるほど世話をしてくれていた。

ある時、母が深夜に一人で部屋を出て、マンションの階段で転倒する出来事があった。認知症の症状が出てきたのだ。歩行補助機で外に出て、数段ある階段を降りようとして転倒した。小雨が降る中、倒れた母は「誰か助けて！」と屋外の階段近くで助けを呼んだが、誰にも聞こえない。

三十分も経った頃だろうか。外出から帰ってきた住人が、母の声に気づいてくれた。頭を少し切り、血を流して倒れていた母は、救急車で救急病院に搬送された。就寝していた伸一にマンションの管理人から電話があり、急いで病院に駆け付けたが、幸いにも怪我はたいしたことがなかった。

そんなこともあって、母が一人で暮らすことが難しくなったと分かったが、かといって一緒に住むことは、がんの手術をして闘病を続ける瑠美子に申し訳ない。福山市にいる兄に相談し、自宅に近い老人介護施設に入ってもらうことにした。施設に入ってからも寂しくさせないよう、伸一は日に二度、母を訪ねていた。

母が老人介護施設に入所してからは、二人でゆっくり温泉療養ができるようになった。「これからは、瑠美子に苦労を掛けた分、十分にお返しをしていきたい」そう考えていた矢先に、瑠美子が重篤ながん性髄膜炎の宣告を受けたのだ。

病状の進行は速かった。初めに頭の痛みを訴え始めた。一人で車を運転していて、自分の家に帰る道が分からなくなったこともある。医師からは運転を控えるよう忠告を受けた。同じ頃、複視と言って右目と左目の水平線が一本につながらなくなった。二重に水平の線が見えるため、歩行が上手くいかない。

またある時、伸一が外から帰ると、テレビの音がやけに大きい。徐々に耳が聞こえ辛くなってきているのだ。綺麗だった文字も乱れてきた。まっすぐに縦横の線が書けなくなっている。

さらに幻覚も現れ始めた。大阪にいる瑠美子の母や兄が我が家にいると思い、「ご飯の用意をしなきゃ。お母さん、お兄さんに食べさせないと」と言うのだ。「お母さんとお兄さんは大阪にいるよ」と言うと、「今そこにいたでしょ」と答える。明らかに現実の世界にいながら、幻を見ている。しかし、人を思いやる言葉が多く、幻覚の内容からも瑠美子の優しさが伺えた。

何より悲しかったのは、瑠美子がノートに書いたゴミ出しの日の予定表を見た時だった。伸一が寝てから、時間をかけて書いたのだろう。力の入らぬ弱々しい薄い線で書かれた表に、乱れながら予定が書き込まれていた。しかし、日にちを一週間、間違っていた。懸命に考え、几帳面にノートに書きとめようとしたのだろう。そんないじらしい姿を思うと、切ない気持ちに胸がはりさけそうになった。がん性髄膜炎と診断されて半年もたたずに、瑠美子は一人で日常生活を送れなくなっていた。

大阪へ帰省した際は、年老いた瑠美子の母・信子でさえ、娘の症状の悪化に気づいた。義母の悲しみを考えるだけで、胸が締め付けられ息苦しくなった。大切に育て、教え導き、とびっきり優しく麗しく成長した娘が、自分の前で訳の分からない行動をとるようになってしまったのだ。伸一は義母に、心の中で詫びた。「自分は瑠美子を守り切れませんでした。申し訳ありません」と。


伸一は自我が確立する高校生の頃から、人に流されることは少なかった。両親の教育もあったのだろう。自分の頭で考え、答えを自分で出すようになっていた。また、厳しく自分を律することを厭わなかった。

中学、高校、そして大学の二年生まで、水泳部に所属して練習に打ち込んだ。水泳は団体競技と違って、孤独で楽しみが少ないスポーツだった。毎日、単調で辛い鍛錬をする。自分のタイムを更新できている間は、やりがいを感じる。しかし、年齢とともに泳ぎのバランスが微妙にくずれ、泳ぐタイムが伸びなくなる。決して手を抜いていないのに、いくら練習しても自己のベストタイムを超せなくなる時が来る。そして、ベストタイムを更新できなくなった時、水泳の練習は味気ないものになった。

伸一は大学の二年生の秋に、学部移行で札幌から函館に移った。移行した学部にプールがなかったこともあるが、自己ベストのタイムを更新できなくなったことも、水泳から遠ざかった理由だった。学部移行してからは、ラグビー部に入った。ラグビーも体力的には厳しいものがあるが、チームプレーをするので孤独さを感じない。また試合の際も、苦しさの中にプレーする楽しさを感じられた。瑠美子と結婚してからは、二人でできるテニスを始めた。

瑠美子は中学・高校の時はバレーボール、大学時代は卓球、結婚してからはテニスにゴルフと、ボールに縁のあるスポーツが中心だった。彼女は運動神経が良く、テニスは伸一より上手かった。テニスでもゴルフでも、基本をよく勉強した。練習ノートを作り、本やコーチに学んだ参考になる内容を記録していた。結婚した頃、体重50kgのスレンダーだった身体が、テニスを始めてから筋肉がつき、60kg以上と逞しくなった。

若い頃から瑠美子は、伸一に頼り切るということはなかった。伸一には好きなようにさせ、自分も好きなことに打ち込む。仲は良いが、二人はお互いを束縛しない心地よい距離感を持っていた。伸一も彼女をずっと構っていなければならないということもなく、一緒にいても疲れない存在だった。そうかといって伸一が外出する時は、いつも瑠美子がそばにいてくれた。旅行も二人で行くことを好み、よく出掛けた。日本にいる時も、米国に住んでいる時も——。

そんな一番頼りにしていた相棒が今、一言も発せずにベッドで横たわっている。

発病からここまでの経緯を振り返りながら、伸一は「瑠美ちゃん、どんなことをしても君を治したい、治してみせるよ」そう心でつぶやいた。

入院してから、すでに二百日近くが経っていた。

早朝の緩和ケア病棟

二〇一八年二月十日の早朝、伸一は目を覚ますと、瑠美子のベッド越しに壁に掛かる丸時計を見た。薄暗い室内では、長針と短針の長さの違いを見分けられずに、時刻を見誤ることもあった。

「もう時間だな」時計は午前四時を指していた。前夜は八時頃に横になり、一時間から一時間半ごとに目を覚ました。起き上がっては瑠美子が眠っているかを確認し、額に手をあて体温を計る。深夜はたいてい、目をぱちりと開けている。

「眠れないの？　昼間にたくさん寝たからね、身体の向きを変えるよ」と耳元で話しかけ、今まで体重がかかっていた側の腰の向きを、反対側に変える。床ずれを防ぐためだ。本来は家族がしなくても、看護師が二時間から四時間おきに見回りに来て、やってくれることだ。

「瑠美ちゃん、お茶をあげよう」伸一が毎日飲むペットボトルからお茶をコップにうつし、スポンジに含ませ瑠美子の唇を濡らす。ピンク色の薄い上唇をお茶で濡らすと、薄目を少し開け、水滴を逃すまいと両唇を動かして唇を閉じる。「上手だね、のどが渇いていたんだね。

ごめんね、気づかずに」伸一は話しかける。

しかし、唇を濡らすのは二回までにしている。水滴が多いと、のどに入りむせてしまう。唇と口内を濡らす程度だ。本当はベッドの背を立て、コップから好きなだけ水分を取らせたい。しかし、嚥下が上手くできない瑠美子にそれはできないし、むしろ危険だ。一日に摂る水分は、１ℓの液体栄養食とジュース１５０cc、白湯２５０ccで足りている。ベッドでの生活は自分で動くことがなく、汗もほとんどかかないためだ。水分が足りている証拠に、一日に四、五回大量の小水が出る。

ベッド横に置いた移動式机の電気スタンドの明りをつけ、「瑠美ちゃん、もう少しするとおむつを替えてくれるからね、そのあとに柔軟運動だよ」と話しかける。その後、病室を出てキッチンに向かう。水温が九十度に設定されている電気ポットの再沸騰ボタンを押し、加熱する。

いつも朝一番に飲むのは、紅茶かコーヒーだ。紅茶は三角バッグに入っているダージリンが好みで、マグカップでたっぷりのダージリンティーを飲む。病室で伸一が、ほっと一息つく瞬間だ。ダージリンティーは香りが良く、のどごしも淡く上品だ。他の産地の紅茶にはない、華やかでフルーティーな香りが口内に広がる。

この早朝の時間帯から、病棟は忙しくなる。夜勤の看護師は、二人で二十室の患者を看回る。患者が起きだし、それぞれがナースコールのボタンを押す。トイレの介助や、目覚め後の寂しさから看護師を呼ぶ患者もいる。緩和ケア病棟で終日付き添い、患者の横で寝泊りする人はほとんどいない。家族が帰ってしまうと、きっと不安と寂しさがつのるに違いない。

瑠美子も目が覚めた時、薄暗い病室に一人きりで、しかも身動き一つできない身体では、寂しくて辛くてたまらないことだろう。看護師が来てくれるのはまだまだ先となれば、心からその寂しさを訴えたくなるに違いない。しかし瑠美子は、一言も発することができない。「自分が瑠美子の立場なら、気が狂うに違いない」そう思うだけに、伸一は瑠美子のそばを離れることができないのだ。

朝のおむつ替えは午前5時頃から始まる。その前に机に座り、パソコンのメールをチェックする。多くが必要のない内容のメールだ。ジャンクメールは受け付けないよう設定しているが、それでも不要なメールが多く来る。メールの件名と送ってきた相手を見て、素早く消去していく。

会社のパソコン宛のメールは、病室の個人用パソコンに転送されてくる。これらはじっくり目を通していく。メールの情報から、次回出社する時までの会社の状況を、しっかり頭に入れておかなければならない。

病棟に朝食が用意されるのは、午前七時半頃からだ。看護師は、患者が起きだす午前五時頃から午前八時前までが忙しい。夜勤の二人の看護師は院内ＰＨＳを持ち、ナースコールに返答しながら次々と患者の要望に応えていく。忙しい中でも、患者に対するいたわりの言葉を忘れない。本当にありがたいことだ。

緩和ケア病棟の看護師は皆、親切で丁寧だ。病院の姿勢や医師の入院患者への気持ちが看護師に伝わり、心優しい接し方になるのだろう。看護師の仕事は目が回るくらいに忙しく、余裕がなくなるものだ。しかも、看護師として一番やりがいのある「入院患者が全快し退院する」ことが稀であるこの病棟では、全力で看護した患者がある夜、旅立っていくことに常に接しなければならない。そんな厳しい環境の中、ひたむきで献身的な看護師たちの姿に、伸一は頭が下がるばかりだった。

一般病棟への扉

緩和ケア病棟へ入院する患者は、自宅での闘病の末に入院する場合が多かった。この病棟には、地元の我孫子市近辺だけでなく、東京や他県から来る人もいた。また、一般病棟に入院してから移ってくる患者も、少ないがいる。一般病棟と緩和ケア病棟をつなぐのは、建物の三階にある扉だった。木目調の明るい雰囲気のその扉は、一般病棟から緩和ケア病棟へ入る時は軽く感じられるが、反対の場合は重く感じる扉となった。緩和ケア病棟で病状が快復し、その扉を開けて一般病棟へ戻るケースは稀だからだ。

瑠美子もその扉を、緩和ケア病棟から一般病棟へ、看護師に付き添われてくぐったことが三度ある。オプジーボの点滴を受けるため、一般病棟へ移動した時だ。点滴を受けたあと一般病棟に一泊して、翌朝に緩和ケア病棟に戻る。しかし、四度目はまだない。

緩和ケア病棟はがんに伴う辛い症状の患者が、積極的な抗がん剤治療をせずに、辛さの緩和治療やケアを行う場所だ。入院する患者は重篤ながん患者が多く、病気が快復して退院する人はほとんどいないと聞く。看護師の手厚い看護を受け、安らかに旅立つ患者が多かった。

病室で患者が旅立とうとする時は、深夜でも家族に連絡があり、急ぎ病室に集まる。伸一が入院患者の旅立ちを知るのは、看護師や病院のスタッフが朝、ベッドや病室の家具を廊下に出し、きれいに清掃をしているのを目にする時だ。伸一は共に辛い病と闘った患者を、戦友のように思い心で合掌する。その旅立ちが安らかであったことを念じながら。

今まで、死について考えることは稀だった。あっても、深く考えることはなかった。しかし、緩和ケア病棟の他の十九の開いた病室から聞こえる、吸引の音や患者の控えめなうめきなどを聞くうちに、命の尊さを感じるようになった。患者は皆、今この瞬間を懸命に生きようと闘っている。病棟の患者たちは全員、同じ戦友なのだ。そして、そのあとに訪れる静かな旅立ち――。死とは、懸命に生きたあとに訪れる厳かな静寂に思えた。

宇宙に地球が誕生し、この地に生命が誕生して以来、連綿とその命が受け継がれてきた。私たちは、三十八億年にわたり命をつないできたリレーの先頭ランナーなのだ。それゆえに、大切な命を一秒でも長く燃やし続けていかねばならない。命のエネルギーが燃え尽きるまで。それが自然の摂理だと伸一は思う。

一人一人に違う人生がある。人は旅立ちを前に、自分の人生を振り返る時が必ず来る。少なくない人たちが、後悔を残してその時を迎えるかもしれない。それが人間だ。時に長い人生における時間の経過が、その辛さや悔しさ、慚愧の念を薄れさせてしまうこともある。薄れることで、満足だったという思いに変わる場合もある。

「旅立つ前に自分の人生を悔いなく思えるほど、懸命に生きたい」

「言い訳のない懸命さが伴っていれば、失敗したことにも悔いは残らない」

伸一は、そう考えていた。

「瑠美子はどう思っているのだろう？　自分の人生を」

「私と結婚して、瑠美子は幸せだったのだろうか」

伸一と結婚し、何度もの引っ越しを経験して来た。その都度、見知らぬ土地に慣れ、根を張ろうとしてきた。転勤しても伸一は、外で山ほどやるべき仕事があった。会社の仲間もいる。瑠美子は新しい土地で知り合いを作り、快適に生活する環境を作らねばならなかった。

伸一を会社へ送り出してから、彼女はどのような時間を過ごしていたのだろう。新しい街や新しい環境に戸惑いながら、自分たちの家庭を築かなければならない。伸一はそんな瑠美子の苦労を、優しく思いやることを怠って来た。もっと瑠美子と話し、悩みを聞いてあげ、優しく接しなければいけなかったのに。

しかし、彼女はそれぞれの地でテニス仲間を作り、テニスを大いに楽しんできた。仲間から好かれ、テニスの技量を頼りにされてきた。「瑠美子は彼女なりに逞しく、精一杯生きてきた」これは伸一にとって救いになる事実だった。

「何としても緩和ケア病棟の扉をこじ開け、一般病棟に移らせたい」「瑠美子のお日様のような、あの笑顔をもう一度見てみたい」そして「瑠美ちゃん、元気になって良かったね」「幸せだよ、瑠美ちゃんと一緒にいることができて」と叫びたい。

結婚前に「結婚して喧嘩しても、叩くのはやめてね。親からも叩かれたことはないの」君はこう言ったね。ねえ瑠美ちゃん、僕が暴力を振るうとでも思ったの？　結婚して三十九年を過ぎたけれど、僕たちはずっと仲が良かったね。喧嘩らしい喧嘩はしたことがない。もちろん、お互い主張し合うことは時々あったよ。でも、喧嘩にはならない。並行線になると、一旦主張は止めたね。翌朝、冷静になって考えると、たいがい僕が間違っていたよ。

どうして君が、このような状態になってしまったの。先にくたばるのは僕だと、決め込んでいたのに。やっと定年を迎え、生活にも少し余裕が出来てきたのに。母も九十八歳、老人介護の施設に入り、安心して二人ゆっくり旅行もできるようになったのに……。

瑠美ちゃんがいなければ、二人で築いたものはすべて色あせてしまう。僕は忙しいビジネスパーソンの日々を、前だけ向いて突っ走ってきた。もっともっと君と話し、笑い、楽しまなきゃいけなかった。毎日がどんなに忙しくても。

時に君のことを、空気や水のような存在に感じていたよ。余計な口出しはせずに、いつも僕のそばにいてくれた。君がそばにいてくれるだけで安心できるんだ。僕はただ、自分に与えられた環境で、目一杯仕事に取り組むだけで良かった。時には迷ったこともある。でも君に相談すれば、いつも胸のすく答えをくれたね。

君は心の目を持っている。僕に進むべき正しい道を分からせてくれる。

「ありがとう、瑠美ちゃん」

「君に出会えて本当に幸せだよ」

瑠美ちゃんに出会ってから、仕事のことは全て上手く行ったように思う。一所懸命考え、自分が正しいと思うことをやって来た。

「それができたのは瑠美ちゃん、君がいたからだよ」

だから、もう一度目を開けてにっこり笑ってほしい。そして、僕を再びサポートして欲しい。今まで、ずっと君がしてくれたように。でも付き合い始めて、もう四十年が過ぎたんだね。これ以上お願いするのは、勝手すぎるかもしれない。

僕は君に尊敬してもらえるよう、自分に厳しく、真っすぐに生きて来たつもりだよ。それができたのは、君がそばにいてくれたからなんだ。

緩和ケア病棟からの退院

もうすぐ入院七か月を迎えようとしていた、二月中旬の午前三時頃、いつもと違う息遣いで伸一は目が覚めた。瑠美子の顔を見ると、目が三角になり、両手をきつく握っている。肺に空気が入らないような息遣いだ。すぐにナースコールのボタンを押す。

「瑠美子、しっかり！」思わず左側の身体を上に持ち上げ、斜めに傾けた。何とか上手く呼吸ができるようにと身体を動かす。看護師はすぐに来てくれたが、伸一には長い時間に思えた。看護師は吸引装置ですぐに吸引を始め、「ジュ、ジュー」という音が瑠美子ののど元から聞こえる。思ったほど痰や唾は取れなかったが、すぐに呼吸は落ち着き始めた。看護師に礼を言い、伸一は瑠美子の肩を抱えながら様子を見ていた。

五分ほどして再び、のどの唾を吐き出しそうな咳をした。もちろん、唾は口から出てこない。のど元から少し散らばる程度だ。また、息ができない状態になり、目に白い部分が広がる。あわてて看護師を呼び、再度吸引を行った。しかし、吸引後も胸の動きがない。看護師は右手を瑠美子の左胸にあて、ゆっくり押して離す。三、四度繰り返すと、のどから空気が肺に入る音がした。「助かった」動転してこわばった伸一の身体から、力が抜けていった。

看護師は瑠美子の病状を医師たちと共有していて、「呼吸を司る脳の部分に障害が出てくると、上手く呼吸ができない場合があります」と説明してくれた。もしそれが事実なら、これから同じ症状が出てくる恐れがある。呼吸が上手くできなくなればお手上げだ。「これが瑠美子の寿命なのか?」伸一は自問したが、それ以上考えないことにした。

「寿命は天に任せよう、自分のできることに集中しよう」そう思った。

「良いことをするのに飽きてはいけない」伸一は心に決めていた。

人は弱い。その弱い心を奮い立たせる言葉や信条が必要だった。たとえ医師や看護師が冷静に病状を判断しても、伸一の「瑠美子を守る」という強い気持ちは変わらない。もし自分が、「瑠美子はもうこれまで」と思ったら、彼女はすぐに感じ取るに違いない。たとえ全快を疑っていても、看病する人が患者の快復を願い、努力する姿を見せ続けなければいけない。「決して諦めないぞ、瑠美子」それは彼女に伝えるというよりも、自分自身に言い聞かせている言葉だった。

瑠美子は痛みや苦しみを、声で伝えることができない。例えは違うが、風の流れは見えないけれど、木々の揺らぎや池の水面のさざなみで風の流れを知ることができる。瑠美子はかすかに眉間に皺を寄せることがあった。その表情で伸一は、瑠美子の辛さを知ることができた。今回のように呼吸ができなくなるような事態は、今までになかった。しかもその症状は、突然にやって来た。足音もたてずに。

伸一が病室にいる時は、変化に気づいてすぐ看護師を呼ぶことができる。しかし、一日に二時間ほど病室を離れる間は、それができない。もし、自分が病室から離れている二時間の間に、瑠美子が呼吸困難な状態に陥ればどうなるのか？　緩和ケア病棟の看護師も、ずっとそばについている訳にはいかない。このことが起こってから、瑠美子のそばを離れることが怖くなった。

しかし、自宅に戻り入浴や洗濯を行い、母の老人ホームにも行ってやらねばならない。どこかで時間を切り詰められないだろうか。

「そうだ、緩和ケア病棟のシャワーを借りられないか」

二〇一七年末、自宅の湯沸かし器が故障した時に、一週間ほど緩和ケア病棟のシャワーを借りたことがある。早速、看護師に相談すると許可が下りた。「できる限り瑠美子のそばにいたい」この想いが伸一を突き動かしていた。しかし、幸いにもその後、瑠美子の病状は元に戻り、呼吸困難に陥ることはなかった。

この頃、病院側から一度退院して一定期間、自宅に戻ることを勧められた。勧められたとは言いながらも、それを拒むことは無理だと分かった。

保険医療制度の関係で、患者を長く入院させておくことが難しくなっていた。伸一は退院し、自宅に戻ることに大きな不安を覚えた。昨年の六月から七月には、訪問介護・看護の助けを受けながら一人、自宅で看病していた。しかし、心に大きな負担がかかり、精神状態が少しおかしくなったことがあった。今回は十日間だけ自宅で過ごせば、再度入院できると言う。しかし、吸引行為や経管栄養については、伸一自身がやらなければならない。

看護師たちが瑠美子の退院に向けて話し合い、準備をしてくれた。伸一に吸引や経管栄養のやり方、一人でおむつを替える方法を教えてくれることになった。

伸一が一番大変だと思っていたのは、吸引だった。吸引は口から管を入れるやり方と、鼻から管を入れる方法を学んだ。鼻から管を入れる場合は、管をすこし捻じりながら、狭い鼻孔を通していく。看護師付き添いのもと、瑠美子が苦しまないよう注意しながら、何度か経験させてもらった。普段から、吸引が上手な看護師のやり方を観察していたので、思った以上にスムーズにできた。経管栄養のやり方も毎日見て、進め方を理解していた。

しかし、終わった後の経管栄養器具の消毒方法については、その時、初めて知った。病室では器具の消毒作業まで目にする機会がなかった。そこで、看護師チームがそれらの内容を数枚の紙にまとめてくれた。

二月末、退院の日が三月七日と決まった。

自宅に戻っている間の訪問医は、入院前の渋川医師に電話でお願いする。訪問看護や介護の会社にも事前に相談し、退院日に備えた。

自宅で経管栄養を行う時は、栄養を胃に送るチューブが、きちんと胃に入っているかをしっかり確かめなければならない。チューブが胃からずり上がった状態で経管栄養を行うと、重篤な結果を引き起こす場合がある。そのためには聴診器を胃の位置にあて、鼻から出ているチューブに注射器で空気を送り、テストを行う必要がある。

チューブがきちんと胃に入っていると、聴診器を通して「ブガッ」という音が聞こえる。何度か経験して、その音を聞き分けることができるようになった。自宅で使用するチューブなどを消毒するエタノールをしみ込ませた小さなティッシュや聴診器などは、インターネット通販で購入した。経管栄養を行う器具や注射器は、病院から借り受けた。退院に向け、看護師たちは最大限の協力をしてくれた。

三月七日、退院の朝が来た。三月上旬はまだまだ寒い。瑠美子に暖かい服を着せ、毛布を身体に巻き付けて車いすに座らせ、そのまま慎重に看護用の車に乗せた。

二〇一七年七月の緩和ケア病棟に入院する時、看護用の車の中で不安そうにしていた瑠美子だが、今回はその表情すら見ることはできなかった。

「瑠美ちゃん、自宅に戻るよ。良かったね」耳元に大きな声で告げた。

緩和ケア病棟に入院して二百三十三日が経っていた。

第七章　別れ

瑠美子からの感謝の会(一)――二〇一八年六月

本日はお忙しい中、瑠美子のためにおいでいただきありがとうございます。

瑠美子は二〇一三年九月に肺腺がんと診断され、四年半の闘病の末、今年二〇一八年三月十三日に旅立ちました。告別式は親族だけで行いましたので、皆様にはご参列いただけず申し訳ございませんでした。今回、生前に瑠美子がお世話になりました皆様にお礼を申し上げたく、この会を開催させていただきました。

この機会に瑠美子のこと、そして闘病のことをお話ししたいと思います。

瑠美子は、一九五三年九月十四日、大阪市旭区に、父・中川希代治、母・信子との間に長女として誕生しました。新森小学校、旭東中学校、大手前高校を経て、関西学院大学の文学部を一九七六年三月に卒業しました。同年四月に新卒で、食品の輸入商社に入社しました。その職場に私、高山伸一が在籍しており、縁がありまして一九七八年十月、二人は結婚しました。

瑠美子は結婚してすぐ、札幌に住むことになりました。翌年の冬に父親を病気で亡くします。一年半後の一九八〇年四月には私の東京転勤に伴い、千葉県流山市松ヶ丘に移り住みました。地元の平和台テニスクラブに所属し、テニスに打ち込むようになります。

　その後、柏市豊四季に引っ越し、週に三日はテニスに励みます。結婚当初のスレンダーな身体は、みるみる筋肉をつけ逞しくなっていきました。柏市の生活に慣れた頃の一九八八年に大阪へ転勤となり、母親と兄の家に近い大阪市旭区関目高殿に住むことになりました。

　しかし、会社で言う「ふるさと人事」は短く、一九九一年九月に再び大阪を離れ東京へ戻ります。以前住んでいた柏市に引っ越してからは、豊四季テニスクラブに入り、毎日のようにテニスに打ち込み、熱を入れていきました。

　一九九六年四月、私の転勤でカリフォルニア州ロサンゼルス郡トーレンス市に住むことになります。住み始めて早々に、シェルティ犬の「ケン」が家族に加わります。子供がいない二人には、まるで我が子ができたような幸せな時代でした。

　また、二人はすぐにウエストエンド・テニスクラブのメンバーになります。瑠美子は別の女性チーム、アニー・ハーレットのテニスチームにも所属し、ロサンゼルス周辺で行なわれる女性リーグ「マリンリーグ」戦で、チームの主力の一人として活躍します。このアニー・ハーレットのチームは地元の方が中心ですが、瑠美子は英語があまり得意でもないのにチームに溶け込み、皆から「ＲＵＭＩＫＯ」と呼ばれかわいがられました。

二〇〇〇年七月に日本へ帰国。再度柏市に戻り、再び豊四季テニスクラブに入ります。その後、諏訪グリーン・テニスクラブでテニスを思う存分楽しむことになりました。ケンとの散歩を第一に考え、手賀沼公園のそばの我孫子市に二〇〇一年九月に引っ越します。手賀沼周辺は緑が多く、沼のほとりの遊歩道は、ケンとの散歩に最適の環境だったからです。多くの犬友仲間もできました。二〇一三年四月、愛するケンが十七歳と二か月で亡くなります。瑠美子の腕に抱かれ、安らかな旅立ちでした。

二〇一三年五月の健康診断で、瑠美子の肺に疑わしい影があると言われ、六月にCT検査、八月に都内の大学附属病院に検査入院し、九月に肺腺がんと診断されました。当時、「がんもどき理論」で有名だった医師に、持参したCTの画像を診てもらったこともありました。しかし、言われたことは本に書かれてあることと同じで、あまり参考になりませんでした。自宅に近い大学附属病院で、セカンドオピニオンを求めて診てもらいますが、都内の大学附属病院と同じ見解でした。

手術は二〇一四年二月、自宅近くの大学附属病院で受けることになりました。当初、がんのステージ（がんの進行度合い）は初期にあたるⅠ期と言われていました。しかし手術の結果、リンパ節にも多く転移が見つかり、がんのステージはⅢAと判定され、この時点で統計上の五年生存率は20～30％となりました。

二人は話し合い、抗がん剤治療を受けず、免疫力を上げることに重点を置いた療養をすることを決意します。術後は順調で、体力も戻りゴルフを楽しむまでに快復しました。肺に小さながんの転移はありましたが大きくならず、血液の腫瘍マーカーの数値も正常な状態が続きました。しかし、二〇一六年夏頃から頭の痛みを訴え始めます。そして二〇一六年十月に医師から、がん性髄膜炎と診断されました。二〇一六年暮れ頃からは、水平の線が二本に見える「複視」という症状が出始めます。二〇一七年に入り食欲が落ち、嚥下する力が急速に弱っていきました。五月中頃は食事に二時間をかけて、ようやく通常の三分の一の量を食べられる状態になります。六月上旬から脳の機能障害が顕著になり、歩行や会話が難しくなっていきました。

我孫子市の緩和ケア病棟に入院したのは、二〇一七年七月十八日でした。この日から、二人の真の闘病生活が始まります。入院してからの瑠美子は話すことができませんし、手足を動かすこともだんだんとできなくなっていきます。

八月中旬が瑠美子との意思疎通ができた最後となりました。肺がんに効くと言われる薬「オプジーボ」の点滴の許可を医師から伝えられ、それを瑠美子に報告しました。「オプジーボの点滴が始まるよ。脳のがん細胞をやっつけて、また温泉やゴルフに行こう！」私の言葉を聞いた瑠美子は頭を縦に「ウン、ウン」と二度振って頷きました。偶然かもしれないと思い、もう一度「オプジーボ、良かったね」と耳元で話すと、同じようにうなずきました。

「瑠美子がオプジーボの点滴をしてもらえることを理解してくれた」

この時ほど、嬉しく感じたことはありません。

オプジーボの点滴を二週間おきに計三回行いましたが、残念ながら瑠美子には効果がありませんでした。当初より、薬の効果が出る確率は20〜30%だと聞かされていました。その後は、鼻からチューブで栄養食を流す時に、従来続けていた免疫力を上げるサプリメントも入れてもらいました。

「身近で看病する者が病人の良くなることを諦めると、すぐにそのことが病人に分かる」と私は信じていましたので、瑠美子の快復を決して諦めませんでした。

朝夕、午前五時過ぎと午後四時頃、ベッドで寝ている瑠美子に対して、腕・肩・股関節の曲げ伸ばし、股関節の回転の運動を入院中ずっと続けました。足裏マッサージも行い、瑠美子の脳に刺激を与えようとしました。これらの運動の時は目を大きく見開き、覚醒してくれます。瑠美子と私が身体の運動を通じてコミュニケーションを図れた、貴重な時間でした。また、毎日必ず車いすに移して座らせ、腕や肩のマッサージと病棟内の散歩を続けました。

そのかいもあり、瑠美子は二百三十三日間に及ぶ緩和ケア病棟の入院に耐えることができました。二月中旬、病院側から瑠美子の入院があまりにも長く、保健医療制度の改正などで病院経営にも支障をきたす恐れがあり、一度退院して欲しいと告げられました。

私は大きな不安を感じましたが、受け入れざるを得ません。二週間ほどかけて、唾液や痰を吸引する手順や技術、栄養食を流入させる時の胃のチューブの扱い方、一人でおむつを交換するやり方を学びました。

自宅に戻り、訪問看護、訪問介護の支援を受けながら看病を続けましたが、帰宅から六日後、眠るように、安らかな表情をして瑠美子は旅立ちました。旅立つ日の朝も、ベッドの上でいつもの運動を行い、午前十時にヘルパーさんの助けも借りて車いすに乗せ、毛布とタオルケットで瑠美子を包み、庭先のウッドデッキに出ました。

手賀沼から吹き上がる三月の冷たい風と目の前に広がる手賀沼の景色に、瑠美子は目を見開き、口を大きく開けて自宅に帰ったことを実感しているようでした。午後には自宅で訪問入浴サービスを受け、気持ちよく身体を洗っていただきました。そして、その夜に旅立ったのです。

瑠美子は穏やかで気立てが良く、笑顔がとても素敵な女性でした。亭主馬鹿になりますが、明るくて聡明で、麗しい妻でした。しかも気取るところがなく、ざっくばらんで人の話によく耳を傾け、相談のしやすい妻でした。

そんな瑠美子の人格を形作ったのは、両親や兄の影響が大きかったかと思います。そしてそれ以上に、小・中学校、高校、大学時代の友人、社会人になってからの会社の同僚たち、そして結婚してから体操やテニスなどでお付き合いしていただいた仲間、ケンの犬友の皆さんにかわいがられて、瑠美子の性格は形成されたものだと思います。

瑠美子は六十四歳で旅立ちましたが、日本の女性の平均寿命を思えば、あと二十年から三十年は生きて欲しかった年齢です。しかし、見方を変えて考えれば、瑠美子はすでに一生分の愛情と、楽しい会話を皆様からいただいていたと思っています。それだけ、濃い人生を歩んだものと信じています。

本日は、瑠美子とご交友のあった方々にお越しいただきました。瑠美子がお世話になりましたことを、心より御礼申し上げます。同封しました写真は、二〇一五年十一月に吉祥寺の小劇場に二人で行った時の、リラックスした表情の写真です。告別式の遺影にも使用しました。今日は展示している写真など見ていただきながら、思い出話など語り合ってもらえれば嬉しい限りです。瑠美子との別れの時間を、どうぞごゆっくりお過ごしください。

高山伸一

以上は、伸一が瑠美子の亡くなった後、彼女と付き合いのあった方々を招いて開いた「瑠美子からの感謝の会」で、参加者に手渡したメッセージだ。その内容は、伸一が会に参加した皆さんに、結婚してからの瑠美子の生きざまを知ってもらおうというものだった。そして肺腺がん、がん性髄膜炎を患っても、彼女がこれまでと変わらぬ姿勢で闘病し続けたことを、伸一は皆に伝えたかった。

瑠美子からの感謝の会(二)

「次は天満、次は天満」

車掌の声が、低く車内に響いた。

大阪環状線の電車の窓からは、激しい雨脚が大川の水面を叩き、あたりを曇らせているのが見えた。ホテルを出る頃から、急に雨が激しくなっていた。

ホテルで対応してくれた宴会係の女性は、若いが誠実な応対に好感が持てた。

「やはり、会場をこの目で事前に見ておいて良かった」

会場を実際に見ることで、式の進行を具体的に頭に描くことができた。会社に勤め始めた若い頃、「仕事は現場が第一、現場を見て現場の空気を吸え」などと先輩から口酸っぱく教えられた。実際その通りで、現場に行ってこそ課題に気づき、問題解決の糸口が見つかるものだ。

そのホテルの会場は二階にあり、北側にある大きな窓から大阪城が正面に見えた。緑の木々の遠くにすっくと立った大阪城は、美しく凛々しかった。彼女が通った高校は、大阪城の大手門側にあった。高校生時代は、毎日この大きな城を眺めたに違いない。

この会場は、瑠美子の高校・大学時代の同級生に勧められた。彼女の夫も高校の同級生で、かつてここを利用したことがあり、景色の良いことを記憶していたそうだ。数十名は楽に入ることができる会場は、丁度良い広さに思えた。

「部屋の中央に大きなテーブルを置き、真ん中に花を飾ろう」

花の周りにはアルバムや思い出の写真、テニスラケットなどを置き、食事はビュッフェ形式で立食。テーブルを五つ用意し、そこでゆっくり食事をしながら思い出を語り合ってもらう。スクリーンを用意し、瑠美子の写真をスライドショーにして観てもらおう。伸一は会場の大まかな配置と、会の段取りを頭の中に描いた。

大阪は瑠美子が生まれてから、結婚して札幌に行くまで、二十五年間暮らした土地だ。集まってくれる人たちも、小・中学校、高校、大学の友人が多くなる。スライドショーで観てもらう写真は、結婚以降の皆が知らない瑠美子を中心にするつもりだ。

「結婚してから、どのような生活を送り、人生を過ごしてきたかを知ってもらいたい。それを観てもらいながら、心置きなく瑠美子にお別れをしてもらおう」

緩和ケア病棟への入院後、瑠美子の友人たちからは、お見舞いの申し出を数多く受けていた。お見舞いのことを、瑠美子に直接聞くことができれば良かったのだが、入院した頃の彼女は、それを判断することがすでに難しくなっていた。

友人たちの気持ちはありがたかったが、「女性の瑠美子が、やせ細った自分の身体や顔を見せるのは忍びないだろう」と伸一は考え、全てお断りしていた。告別式も親族だけで行ったため、お世話になった人や幼なじみ、友人たちがお別れをする機会がなかった。

そこで六月、会を「瑠美子からの感謝の会」とし、二日間をかけて我孫子の自宅で計四回、大阪ではホテルで一回開催することにした。

伸一つながりの人たちの集まりではなく、あくまでも瑠美子と交友があった人たちに集まってもらうことにした。形式にこだわった会ではなく、和やかで温かい会にしたかった。彼女が日頃、醸し出していた雰囲気のように――。

この会は、伸一が瑠美子に対し、心の中で決めていた約束だった。

「必ず開いて、お世話になった多くの人たちに、瑠美子からお礼を言ってもらおう」

そして、瑠美子に心置きなく天国へ行ってもらう。そうすることで、伸一の悲しみも和らぎ、心に区切りをつけることができる。そのように考えていた。

大阪のホテルで開く「瑠美子からの感謝の会」は、六月十日の日曜日に行うことにした。それに先立つ六月二日、三日の土・日曜には、我孫子の自宅でも行う予定だ。自宅が狭いので午後に二回ずつ計四回行い、できる限り多くの方に来てもらおうと考えた。

瑠美子の四十九日の法要も、お墓への納骨も大切な行事だった。しかしそれ以上に、瑠美子のために「感謝の会」を開催したかった。彼女が旅立ったことの悲しさや寂しさも、この会を準備することで伸一の心を落ち着かせていた。

準備は、瑠美子が永眠したことの連絡から始まった。高校・大学時代の一部の人たちには、メールで入院したことや、その後の状況を多少は知らせていた。その連絡網を使って、旅立ったことを学生時代の人たちにいち早く知らせた。そして、告別式は身内で行うが、三か月以内に何らかの形でお別れの会を開催することを伝えていた。

学生時代の友人以外では、テニス仲間、体操仲間、犬友つながりの仲間、会社の元同僚、ご近所の方たちがいる。誰に知らせたら良いかは、瑠美子の携帯電話のアドレス帳を開き推測した。普段の瑠美子との会話で、よく聞く名前を伸一は覚えていた。

テニス仲間は伸一も知っている人が多く、連絡もスムーズにいった。瑠美子の永眠の報に、皆が一様に驚き悲しんでくれた。連絡先で見当がつかなかったのは、小・中学校の友人たちへの連絡方法と参加人数だった。そこで、瑠美子と親しかったキーパーソンの皆さんに骨を折ってもらった。

瑠美子が亡くなる前年の七月末、大阪から新幹線に飛び乗り、有無を言わさずお見舞いに来てくれた青木には、特に世話になった。二歳の頃に公園で瑠美子と出会って以来、小・中学校まで同級生だった仲で、優しく接してくれた。現在も大阪在住だが、早速、小・中学校の同級生に連絡を取ってくれた。東京では、小学校から高校まで同級だった清川仁が、知り合いの方々に連絡してくれた。

伸一の自宅は二階建てで、延べ床面積は三十坪ほどと広くはない。小さな仏壇を一階のリビングルームに据えた。リビングルームは一階の大部分を占めるが、二十人も入れば息苦しくなる。しかし、リビングルームの前から庭へ、二十畳ほどのウッドデッキが広がっていた。

当日晴れれば、ウッドデッキに出て、庭と手賀沼の景色を楽しんでもらうことができる。そうすれば、狭いリビングルームと合わせて倍のスペースを使える。天気が良くなることを期待して「瑠美子からの感謝の会」の準備を進めた。

「リビングルームの中央に食卓を置いて花を飾り、結婚してからの写真をたくさん展示しよう」

「仏壇の周りには、瑠美子の好きだったテニスのラケットとボール、そして彼女らしい表情の写真を大きく引き伸ばして飾ろう」

軽い食事とドリンクも用意し、和やかな雰囲気で瑠美子の思い出を語ってもらおうと考えたが、自宅での応対を一人でこなすことは難しい。その応援を、同じ我孫子に住む塩崎正雄に依頼した。伸一の会社の後輩で、瑠美子の大学の後輩にもあたる。親切でよく気が付き、応援を頼むには最適の人物だ。ゴルフが上手く、瑠美子も何度か一緒にラウンドしてもらっていた。塩崎に応援を頼むと、二つ返事で引き受けてくれた。

自宅で行う会の進行を頭に描きながら、準備するものを整えた。新しく木製の机といすを購入した。ワイングラスにカップ、取り皿にお箸やおしぼりなど、高級なものでなくても上質なものを使いたかった。瑠美子との思い出を語り合い、お別れをしてもらう時間は、ゆったりと心地良い雰囲気にしたかった。

だがそれ以上に、伸一にとってこの会でもっとも重要なことがあった。

それは、瑠美子が最後まで病気を悲観せず、諦めずに闘ってきたことを知ってもらうこと。そして、瑠美子からの感謝の言葉を、参加してくれた方々に伝えること。これが、今回の会を開催する一番の目的だった。

瑠美子からの感謝の会(二)

お別れの会で渡す、瑠美子からのお礼と感謝の言葉を書くにあたって、伸一は悩んだ。むろん、瑠美子が生前に書いたものではなく、瑠美子から事前に聞かされていたことでもない。きっと瑠美子だったら、この様にお礼を言うのではないかと伸一が想像して書いたもので、優しく温和な性格の彼女であれば、必ずや参加者に伝えたかったであろう言葉を綴ったものである。

本日はお忙しいところ、お越しいただきありがとうございました。入院中は会えなくてごめんね、元気になってから会いたかったの。告別式も親族だけで行ったので、皆さんとはお別れができませんでした。でも今日、皆さんのお顔を拝見しながら、お話ができて本当に嬉しかった。

大阪で生まれ育った私ですが、札幌、柏、我孫子、大阪、ロスなど夫の転勤で各地を移り住んだわ。その中で一番落ち着くところは、やっぱり関西なの。学生時代の思い出がたくさんあって、社会人としてもこの大阪で一人立ちしたわ。会場から見えた大阪城の風景は、高校に通った三年間、毎日見ていたので懐かしかった。この地で皆さんと出会い、楽しく暮らせたことにとても感謝しています。ありがとう。

二〇一四年二月に肺腺がんの手術をして、夫と二人三脚で闘病してきました。不安だったけれど、希望を胸に前を向いて歩いてきたわ。術後二年半の間は、旅行やゴルフを楽しむまで快復して来ていたの。でも、がんが脳に転移し、私の脳の機能に障害が出始めたのは、おととしの暮れあたりからだった。

水平の線が二重に見え、歩行もスムーズにいかなくなった。何より困ったのは食欲がなくなり、食べ物を飲み込むことが上手くいかなくなったこと。夫が時間をかけて料理を作ってくれるのだけれど、少ししか食べられなくなってしまったの。二〇一七年七月から緩和ケア病棟に入院して、ある意味ほっとしたわ。病室でゆっくり、夫との時間を持つことができたから。

入院後は口から食べることができなくなり、鼻からのチューブで栄養食を摂ることになったの。食べた気がしないのにお腹が一杯になり、食事の楽しみがなくなったのは少し寂しかった。でも、病気と闘うためには栄養を取らなくてはね。がんに効くという薬「オプジーボ」を、先生が投与してくれることになったの。嬉しかった。夫が嬉しそうに私に報告するの。一回聞けば分かるのに、二回もしてくれたわ。私以上に夫が嬉しかったんだと思うわ。

でも、オプジーボの治療効果が現れる確率は20％から30％ほどと聞いていたし、脳には血液脳関門という所があって、薬が上手く脳に入らない可能性があると聞いていた。結局、私には効かなかったけれど、悲観はしなかった。与えられた寿命をしっかり全うしようと思ったわ。

でも、夫はあきらめの悪い人なの。病気が良くなる可能性がほとんどなくなっても、決して諦めないの。普通なら私がこれだけ頑張ったのだから、観念して静かに見送ってくれるはずよ。でも、毎日病室で朝五時過ぎと夕方四時頃から、ベッドで私の腕・肩・股関節を曲げ伸ばし、回転させるの。毎回四十分ほどたっぷり時間をかけてね。足裏の刺激マッサージも効いたわ。薄れかけていた意識が、この運動で毎回呼び戻されたの。

おかげで旅立つ日の朝まで、身体の柔軟性を保つことができたので、人の助けを借りてだけれど車いすに乗ることもできたの。自宅の庭のウッドデッキに出た時、手賀沼から吹き上がってくる冷たい風を感じたわ。いつも見ていた手賀沼の広がりも目にすることができ、実感したわ。緩和ケア病棟での二百三十三日の闘病に耐えて、自宅へ帰れたことを。本当に嬉しかった。

小学校、中学校、高校、大学では、皆で良く遊んで、良く笑ったね。楽しかった。会社に入って、初めて経験した仕事も楽しかった。体操やテニス、ケンとの散歩で、皆さんとたくさんお話できたわね。本当に楽しかった。難しい話や真剣な話は少なかったかもしれないけれど、たわいのないことや些細なことの相談や共感をとても大切にしていたの。きっと、幸せというのはこんな普段の何気ないお喋りや笑顔、互いの思いやりの中にあるのだと思う。私は皆さんのおかげで幸せだった。ありがとう。

今年の桜は、残念ながら見ることができなかった。

でも、空の上から皆さんが桜を楽しむ姿を、しっかり見ることができたの。とても幸せな気持ちになれたよ。同封した写真は二〇一五年四月一日に、千葉県白井市の今井で撮った写真よ。希望を持って闘病していた頃の私で、お気に入りの一枚なの。

私は皆さんより早く旅立ったけれど、皆さんから楽しい会話や温かい言葉をたくさんいただいた。一生分をすでに皆さんからいただいたと思っているわ。皆さんは普段の生活を十分に楽しんで、私と会うのはずっとあとにしてね。私はゆっくり待つわ。待つことは好きなほうなの。

今日は私から、感謝の気持ちを伝えたい。

ありがとう、優しく接してくれて。

ありがとう、一緒に笑って、一緒に泣いてくれて。

ありがとう、一緒に卓球や旅行をしてくれて。

ありがとう、一所懸命にボールを追いかけてくれて。

ありがとう、いろいろと相談に乗ってくれて。

ありがとう、ずっと友達でいてくれて。
本当に、本当に、ありがとう。
最後にひとつだけお願いがあるの。
お渡しした写真に写る私の姿を、皆さんの心の片隅に置かせてね。
そうしてくれれば、私は寂しくない。
ずっと皆さんと一緒にいられるから。
遠い将来、またお目にかかることを楽しみにしているね。

ありがとう。
本当にありがとう。

瑠美子

北海道への旅

瑠美子が旅立った後、伸一は心にずっと鉛のような重い気持ちを抱えていた。それは、一番愛した人を失った悲しみの喪失感や寂寥感もあったが、伸一自身が被った心の痛手だった。四年半、一緒にがんと闘ってきた相棒を「結局は助けることができなかった」という敗北感を、心の奥深くに感じていた。

この気持ちを癒すために、北海道へ行こうと決めた。伸一が青春時代を過ごした、そして瑠美子と新婚時代を過ごした北海道へ。

七月三十日の朝早く、すすきの近くのホテルで目を覚ました。時計を見ると四時十分過ぎだった。伸一は薄い掛布団をゆっくりめくり、ベッドから床に足を下した。

「今朝は瑠美子と住んでいたマンション跡を見に行こう」

伸一はベッドに腰かけ、ウォーキングシューズの紐を少し強めに結んだ。

「瑠美子からの感謝の会」を開催し一段落した後、伸一は二人が住んだ北海道への旅を思い立った。瑠美子との思い出の場所を訪ねるのが、今回の旅の目的の一つだった。Tシャツ一枚とベージュのパンツ姿で、ホテルを出て西へと向かう。札幌の夏の朝は、我孫子に比べかなり涼しい。

かつて南九条西二十二丁目には、札幌市で最初に建てられたと言われるマンションがあった。旭山記念公園に向かう道路の角に建ち、向かい側にスーパーマーケットの西友があった。二人が住んだマンションはすでになく、跡地に大きなホームセンターが建てられている。朝の五時前なので人影も車もなく、その建物と駐車場は少し寂しげな印象を与えた。交差点からは、藻岩山を間近に眺むことができる。藻岩山から続く山の木々は濃い緑色をまとい、青い空と白い雲によく映えた。

一九七八年十月、瑠美子は大阪で結婚式を挙げ、この地に移り住んだ。瑠美子が札幌に来て初めての冬、十二月の深夜に大雪が降った。翌朝、伸一を会社へ送り出した後、瑠美子はマンション前の停留所から旭山記念公園までバスに乗った。スキーウエアを身に着け、両手にはスキー板を持っている。旭山記念公園までは、バスで十分もかからない。公園は新雪に覆われ、一面息をのむような真っ白な銀世界だった。

「綺麗……」瑠美子が初めて見る、札幌の本格的な冬景色だった。

展望台からは札幌市街地を一望できた。どこまでも続く雪景色に朝日が照り返り、目に眩しい。瑠美子は斜面の角度が急でなく、練習できそうな場所を見つけると、スキー板を履いた。そこはスキー場ではなかったが、新雪が積もる公園の頂上付近にひと気はない。周りを見渡した後、スキー板を斜面に沿って滑らせた。スピードが出始めると身体をすこし伸び上げたあと、かがみこみながら左足内側のエッジに体重をかけていく。すると、スキー板の先端はゆっくり右側に曲がっていく。

「そうそう、こんな感じ」まだ新雪の感触を忘れていなかった。

会社に勤めている頃、同僚たちと信州のスキー場へ行ったことがある。伸一も参加していたが、その時はまだ二人は付き合っていなかった。瑠美子にとって初めての北海道で迎える冬は、何もかもが新鮮だった。その昔、炭酸飲料のテレビCMで流れた曲があった。

♪君と二人して〜、ゆこう新世界〜。札幌は二人にとって、まさに新世界だった。

旭山記念公園の展望台から眺める札幌の市街は、あの新婚時代より大きく広がり、近代的になっていた。「あの頃から、もう四十年が経ったのか」瑠美子と一緒に暮らした日々の一コマ一コマが、鮮烈に伸一の脳裏に浮かんできた。「今、二人で一緒にこの景色を見ることができれば、どんなに幸せなことか」自然とそんな思いが浮かんでくる。

しかし、その思いをぐっと飲みこみ、伸一はこう思った。「いや、瑠美子とは素晴らしい生活を、四十年も共に過ごすことができた。嘆くより、彼女に感謝しなければならない。

そうでないと、瑠美子に申し訳ない」伸一は自分にそう言い聞かせ、旭山記念公園をゆっくり下った。

そこからは山沿いに北へ歩き、円山公園に向かう。閑静な住宅地を抜け、深い原生林が涼しげな空間を作る円山公園。ここへも瑠美子と来て、写真を撮ったことがある。その写真には新妻が柔和な笑顔を見せ、ウールのセーター姿で枯れ葉を空中に撒く姿が写っていた。


今回の北海道の旅は、最初に空路で釧路へ入った。釧路には学生時代のラグビー部の先輩と同期が数名住んでいた。卒業以来会っていなかった先輩や同期たちと、釧路の繁華街で飲む一夜は楽しい。尽きることのない会話に、時間は飛ぶように過ぎていった。

翌日の知床半島へのドライブは、同期の佐藤秀明が奥さんと一緒に付き合ってくれた。知床のオシンコシンの滝には、中国からの観光客が多く来ている。四十年前に二人で来た場所だ。結婚した翌年の夏、車で回る初めての北海道の旅を瑠美子は心から楽しんでいた。その時に撮った瑠美子の写真の笑顔と生き生きとした表情が、それを物語っていた。

釧路から札幌へは、JRで移動した。車窓から見える木々の緑は濃く、高い空から降り注ぐ太陽の光をいっぱいに受け、眩しかった。

札幌では、水泳部の先輩で主将だった夏目俊二の奥さん、恵美が経営する店にランチを食べに行った。店は札幌駅から小樽方面に十数分のほしみ駅近くにあった。夏目は白熊会水泳部の主将で、昭和四十六年と四十七年の二年間、水泳部を引っ張ってくれた。当時、北海道まで来て体育会の水泳部に入る学生は稀で、その頃の部員は一、二年生を合わせて数名という少なさだった。

夏目は人情豊かな率先垂範の人で、男気のある先輩だった。他大学の水泳部仲間からも慕われる、伝説の主将だった。伸一も社会人になり、多くの上司に仕えたが、夏目ほどリーダーシップのある人に出会ったことはなかった。彼は卒業後、北海道大学農学部の附属演習林に長く勤めた。在職中に悪性リンパ腫を発病し、十五年間の闘病の末、退官を前に旅立った。

恵美の店「ピセア・エゾ」には、トチの木で作られた大きな一枚板のテーブルが二つあった。その木は、生前に夏目が恵美のために残した大きな材木だった。その店でランチを取りながら、恵美に水泳部時代の思い出を話した。屋外のプールを五月の連休に大掃除し、水を張る。張ったばかりのプールの水温は冷たく、プールサイドで薪火をして、暖を取りながらプールへ飛び込んだ話などなど、話題は尽きなかった。

札幌で二泊した後、函館方面へ向かう。

大橋友恵に会うため、森駅で途中下車した。友恵は瑠美子が入院してすぐ、病院に駆けつけてくれた。駅で会うなり彼女は言った。「高山さん、少し太ったかい?」伸一は昨年の看病に明け暮れていた夏より、体重が4kgほど増えていた。

車で友恵の自宅に向かう途中、彼女は瑠美子の話をしてくれた。

「以前、瑠美ちゃんと電話で話した時に「友恵さんは伸ちゃんと付き合っていたの？」って、聞くんだよ。「いいえ、ラグビー時代のお友達だよ。どうして、そう思ったの？」と聞くと、「伸ちゃんのお母さんまで、友恵さんの名前を知ってるから」って。「なんにもだよー、高山さんはラグビー一筋で、女性とのお付き合いは興味なかったみたいだよ」と答えたんだよ」

それを聞き、瑠美子は安心したようだったという。

初めてその話を聞かされ、伸一は嬉しかった。

「瑠美子が少しはやきもちを焼いてくれたのかな」

普段の生活では、そんな素振りを少しも見せたことがなかったからだ。

友恵の住む町の旅館に泊まり、翌日は彼女の夫と三人でトラピスト修道院に足を運んだ。この修道院は、津軽海峡を臨む高台に建っている。正面入り口から海の方に向かって、長い下りの並木道が続いていた。

瑠美子が手術をした年の秋、二人で函館へ来たことがあった。その時は友恵夫妻と函館で会い、一緒に食事をした。次の日に二人でこの修道院を訪れた。両側の杉並木の間に、赤れんがでできた洋館が見える。

「綺麗、外国に来たみたい」初めて見るトラピスト修道院の美しさに、瑠美子は立ち止まった。二人は修道院の裏山にある、ルルドの洞窟に向かった。ゆっくりと瑠美子は山道を登る。トラピスト修道院の記念品を売る店で、近くの山にクマが出没すると聞いた。北海道のヒグマは、本州のツキノワグマとは比較にならないほど大きい。瑠美子と伸一は手に枯れ枝を持ち、自分たちの存在をクマに知らせるように地面を打ち叩き、音を鳴らしながら道を進んだ。

四十分以上かけて、ようやく山の中腹にある洞窟に着いた。そこは、フランスの「ルルドの洞窟」を模して造られたもので、洞窟の前には白いマリア像が立っている。奇蹟を起こすと言われる、ルルドの洞窟の泉に現れたマリア様だ。伸一は瑠美子と二人で、病気の快復をマリア様に祈った。

瑠美子に最初のがんが見つかった時、会社の健康診断を担当する永沢クリニックの永澤喜美常務理事から、ルルド洞窟の泉の水をもらったことがあった。緩和ケア病棟での闘病中は、この小さな瓶に入ったルルドの水をずっと瑠美子のそばに置いていた。二百三十三日間にわたる緩和ケア病棟での闘病を、瑠美子は耐え抜いた。彼女を守ってくれたお礼を言うために、伸一は再びこの地を訪れたのだった。

友恵夫妻と伸一は山道を歩き、マリア像の前に着いた。そこからは遠く左手に函館山が、中央には陽光にきらめく津軽海峡を望むことができる。伸一はマリア像に手を合わせ、心の中で瑠美子の闘病を見守ってくれたお礼を言った。

四年前に瑠美子と訪れた時、「二人で祈った快復」は叶わなかった。しかし、瑠美子は闘病生活に耐え、精一杯生き抜いた。そのことへの感謝の言葉を伝えたかった。

グルッペの文集

瑠美子が旅立って七か月余り過ぎた十月下旬の日曜日、関西から瑠美子の学生時代の友人たちが墓参りに来てくれた。

大学のスポーツ愛好会「グルッペ」の女友達である、内野真知子、春居志津子、藤山慶子、石塚美恵子の面々だ。瑠美子から、旧姓や愛称でよくその名を聞いていた人たちだった。六月十日に大阪城近くのホテルで開催した「瑠美子からの感謝の会」にも四人は参加してくれた。その際は、六十四名の友人が集まってくれ、我孫子の自宅で開催した四回の「感謝の会」へは、合計百六名の友人が集まってくれた。

四人は瑠美子が緩和ケア病棟に入院したことを連絡した時、遠く離れた関西にいたにも関わらず「お見舞いに行きたい」と真っ先に言ってくれた友人たちだった。丁重にお断りすると、励ましの手紙や絵葉書を度々送ってくれた。入院中、伸一は瑠美子を車いすに乗せ、病棟の中や病院敷地を小一時間ほど散歩することを日課としていた。車いすに乗せると瑠美子は少し目を開け、意識を戻してくれる。病室に戻り意識がはっきりしている間に、送られてきた手紙やはがきを耳元で読んで聞かせる。

「良かったね！　真知子さんが手紙をくれたよ」手紙を読んで聞かせたあとに、お礼の電話を入れる。そして携帯電話を瑠美子の耳元にあて、真知子から話しかけてもらう。瑠美子も友人の声を聞き漏らすまいと集中し、目を左右に動かす。明らかに電話の声を、友の声と理解している様子だった。

　このようなやり取りを度々行っていたので、伸一も彼女たちを自分の友人のように感じていた。「瑠美子だけが励まされているのではない」病室で一人看病する伸一にとって、大いに励みになり、本当にありがたかった。

　グルッペの友人たちを我孫子駅に迎えに行き、手賀沼の東方向にある瑠美子の墓へと向かう。自宅から車で十数分の場所だ。瑠美子が眠っている墓地は、広々とした敷地に多くの墓が建つ。瑠美子の墓は、ペットと入ることができる区域にあった。黒色の四角い石板には「優・明・麗」の文字を彫ってもらった。その右下には瑠美子、ケン、伸一と名前が入っている。

　ケンが数年前に旅立った時、動物専用の火葬場でお骨にしてもらい、自宅の庭の紫陽花の根元に埋骨していた。紫陽花の根元からは手賀沼が眺められ、沼から吹く風が夏でも涼しく、ケンのお気に入りの場所だった。その紫陽花の根元の土を小さな布袋に入れ、瑠美子のお骨が入った布袋の横に置いて一緒に埋葬したのだ。

四人の友人たちは花を供え、線香を焚き弔ってくれた。瑠美子と一緒に過ごした若き日の学生時代、楽しかった日々の思い出が皆の心によぎったのだろう。なかなか墓を離れようとしなかった。伸一はその強い友情を、とても嬉しく感じた。

「瑠美ちゃん、良かったね。みんな来てくれたよ」最後にそう言って墓地を離れた。

墓からの帰り道、瑠美子とよく訪ねた五本松公園に立ち寄った。友人たちに、瑠美子の闘病していた頃によく来たその場所を見てもらいたかった。そして自宅に戻り、ウッドデッキから瑠美子が最後に眺めた手賀沼を見てもらう。空は真っ青に晴れ渡り、手賀沼の湖面が輝いて見える。

「瑠美子さんは家に帰ったのを分かったのですね」慶子がつぶやいた。その言葉には「家に帰れて良かったね」という想いが込められていた。学生時代の友は本当にすばらしい。自分のことのように瑠美子のことを思ってくれる。共に青春時代に語らい、たわいもないことに笑い、悩んだ仲だ。ずっとあの時の楽しい時間のまま、友情が続いている。

居間で食事をする間、ずっと瑠美子との思い出話を聞かせてくれた。大学の一回生の夏に皆でアルバイトをすることになった。当時はスマホで簡単にアルバイト先を見つけることなどできなかった時代だ。

「瑠美子さんは淀屋橋にある美津濃の会社へ行き、総務の人に直接アルバイトを申し込んだことがあるの」真知子が話してくれた。「でも体よく断られて、大丸百貨店の中元売り場で働くことになったの。そう、瑠美子さんは行動力があったわね」美恵子が付け加えた。

伸一は自分の知らない瑠美子の一面を知り、嬉しかった。大学でも旅行先でも、瑠美子は人気者だったようだ。気さくで飾らず、本音で話す性格だった。穏やかで明るく、皆から信頼されていた。そんな話を聞いていると、「やはり瑠美子は、掛け替えのない楽しい学生生活を送っていたのだ」と実感させられた。分かってはいることだったが、改めて学生時代の友人たちから聞かされ、心が満たされる思いだった。

食事をした後、志津子が一冊の文集を鞄から取り出した。表紙には「あじさいNo.21」と書かれている。グルッペのメンバーで作った文集だという。瑠美子たちが四回生の時に発行した文集で、伸一が初めて目にするものだった。卒業してから四十三年間、志津子がずっと保管していたものを持ってきてくれたのだ。

それを手にした伸一は、瑠美子の言葉を急いで探した。文集の後半に「四回生アンケート」という箇所があった。そこでは、卒業を迎える四回生が五つの質問に答えていた。

①あなたがいつも心に言い聞かせている言葉
②クラブの異性はあなたにとってどんな存在ですか
③あなたが理想とする男（女）性像、スター名
④大学生活の中で、スポーツ愛好会とは何だったでしょうか

⑤あなたが卒業する際、スポーツ愛好会に一言いい残したいとすると、それは何ですか

次ページから、三十数名の四回生の回答が掲載され、瑠美子のものは卓球パートに中川瑠美子の名で残されていた。

①責任は自分にあり、喜びも自らであり、悲しみもまた自らである
②気軽に話ができる友達
③原田芳雄
④あらゆる面においての自己創造、自己向上、自己形成の場
⑤自分にも、他人にも甘えず、またスポーツ愛好会というものにも甘えず、頑張って欲しい

伸一はこの回答を目にした時、瑠美子の内面の強さに驚かされた。「穏やかで誰にも優しい瑠美子が、何と自分に厳しい考えを持っていたのか」しかも大学四年、まだ二十二歳の時のことだ。

結婚して以来、瑠美子は愚痴や弱音を一切口にしなかった。いつも優しい笑顔を伸一に向けてくれた。涙を見せたのは、父親が亡くなった時とケンが旅立った時くらいだ。若い

頃の生活に余裕がない時も、伸一の転勤が続く時も、次男の嫁に来たのに伸一の両親の面倒を見なくてはならなくなった時も、肺腺がんと分かり、手術とそれに続く長い闘病生活の中でも、一切、愚痴や弱音を吐かなかった。優しいだけの女性と思っていたのは、伸一の大いなる誤りだった。

瑠美子は大学生の頃から、自分の決めた人生やその行方について、強い覚悟を持っていたに違いない。そう考えれば、瑠美子との結婚生活四十年の全てにおいて、辻褄が合う。覚悟や自分の決心は人には披瀝しない、そんな性格だったのだ。「あじさい」に残された瑠美子の答えは、自分を律し自己責任を強く自覚していることを感じさせるとともに、自分の人生は自分で切り開くという、前向きで積極的な考えが伺えた。

伸一も若い頃から、良く似た生き方をしてきた。瑠美子はそんな伸一の性格を、知り合ってすぐに見抜いたのではないか？　そうであれば、会社の倉庫での「尊敬しています」という彼女の言葉を、今なら理解できる。自分の価値観と合った人と共に歩み、共に人生を切り拓く。そんな覚悟を瑠美子は持っていたのかもしれない。価値観が合う伴侶と一緒に人生を歩めたことに、伸一は心から感謝した。

グルッペの友人たちは今夜、浅草近辺のホテルに泊まるという。瑠美子が元気でいれば一緒にホテルに泊まり、満面の笑みを浮かべながら話に熱中し、学生時代の雰囲気のまま、夜遅くまで楽しい話に花を咲かせることだろう。

終章

お墓参り

瑠美子が旅立って八か月余りが経った二〇一八年十一月、瑠美子の中学校時代の男友だちが、三重県でのゴルフ旅行に伸一を誘ってくれた。伸一を励まそうと、瑠美子の幼なじみの青木が企画してくれたのだ。

彼は瑠美子が緩和ケア病棟に入院した時、お見舞いの申し出を断ったにもかかわらず、真っ先に駆け付けてくれていた。旭東中学校卒の四人の同級生と、伊勢志摩の魚介の美味しい料理を出す民宿に泊まり、ゴルフを楽しもうという計画だった。

出発を明日に控えた十一月十九日、伸一は通っているゴルフスクールへ練習に出かけた。スクールのデスクには、指導を受けている志水コーチが座っていた。彼は誠実な性格で、いつも丁寧に要点を教えてくれる。

「高山さん、今日は予約が入っていませんが」「えっ、そうですか」自分の手帳には、今日、ゴルフ練習の日と記入していた。伸一は勘違いしたことに、自らの老いを少し感じた。

「また出直します」コーチに告げて駐車場の車に乗り込んだ。

「さて、この空いた時間をどうしよう」明日から二泊三日で伊勢・志摩方面へ旅行だ。準備はすでに済ませてある。「そうだ、もう一度瑠美子の墓に参っておこう」二日前、墓に行き花を供えていた。だが明日は、瑠美子の縁で旭東中学校の同級生たちと会う。「中学の同級生たちと会うことを、もう一度報告しておこう」と伸一は考えた。

ゴルフスクールを出て自宅を通り越し、手賀沼沿いを東へ車を走らせる。途中で花を買い車に乗り込むと、沼沿いをさらに東に走る。少し行くと、前方に背の低い黒い丘が見えてきた。ゆるい坂を登って行くと、坂の頂上の右側に瑠美子とよく来た五本松公園の入り口がある。「帰りに公園にも寄ってみよう」そう思いながら伸一は、さらに車を数分走らせた。道路を右に折れ、手賀沼が幅を細めて手賀川になったところを南に渡る。その突き当りに、瑠美子が眠る墓地があった。

墓地に着くと手桶に水を汲み、柄杓と墓をきれいにするブラシを持った。瑠美子の墓に近づくと、二日前に供えた花の手前に、新しい花があることに気づいた。

「あれっ、誰かが間違って供えたのかな」墓の前まで行くと、明らかにその花は瑠美子の墓前に供えられていた。黒い御影石でできた瑠美子の墓の前に置かれた線香台には、燃え尽きた線香の灰がそのままの形で残っていた。供えられた花も真新しい。

「今日、どなたかがお参りしてくれたのだ。でも、誰だろう？」

この墓の所在を知っているのは、限られた人だけだ。六月に案内した東京在住の高校の同級生四人、それと大学のスポーツ愛好会「グルッペ」の仲間四人を十月に案内した切りだった。伸一は考えを巡らせたが、誰が参ってくれたのか見当がつかなかった。買って来た花を供えながら瑠美子に聞いた。「瑠美ちゃん、誰だろうね。お墓に来てくれたのは」答えが分からないまま、伸一は墓地を離れ車へ向かった。

車に乗り込み携帯電話を見ると、一件の着信履歴があった。木野本敦子からだった。その名前を見た瞬間、「そうか、供花は敦子さんだったんだ」そう確信した。敦子は、瑠美子が柏市の生命保険会社の事務センターでアルバイトをしていた時に知り合った方だ。性格が良くかわいい人だと、瑠美子から聞かされていた。

当時、伸一の高校時代の友人で、銀行に勤める独身の木野本芳郎がいた。そこで「二人を会わせよう」ということになり、瑠美子が敦子と木野本を柏で引き合わせ、一緒に食事をした。それがきっかけで二人は結婚に至った。敦子は独身時代に我孫子に住んでいたが、今は奈良県に住んでいる。

「きっと彼女が実家に帰った際に、参ってくれたに違いない」

伸一は敦子へ電話を掛けた。「もしもし高山です。敦子さん?」返事があるとすぐに、「敦子さん、今日、瑠美子のお墓に参ってくれたでしょう!」「えー、どうしてわかったの?」会話は弾んだ。

敦子は実母を訪ねて帰郷し、妹の家に滞在していた。以前、伸一から聞いていた墓を、今日訪ねてくれたのだ。「さぞかし、瑠美子も嬉しかったろう」伸一は思った。瑠美子を忘れずに参ってくれた敦子の気持ちに、胸が熱くなった。

先ほど来た道を戻り、我孫子市と印西市を結ぶ道路にぶつかると左にハンドルを切り、西へ向かう。来る時に見えた小高い丘が近づいた。坂を登り切って、五本松公園に入る小道を進み駐車場に車を停めた。ここには、春になると多くの市民が桜見物に詰めかける。亡くなった父や今は施設にいる母、瑠美子やケンと、よく桜を見に来た場所だ。

駐車場のすぐ横に、深い森がぽっかりと開けて、明るくなっている広場があった。周りには大きなソメイヨシノの桜の木が、何本か植わっている。伸一は駐車場を背に、広場にある真新しい木製のベンチに座った。

伸一は二〇一七年六月、瑠美子に尋ねた言葉を思い出していた。

「生まれ変わっても、僕は瑠美子ともう一度結婚したいよ。瑠美子はどう思う？」という伸一の問いに瑠美子が答えたのは、「うーん、分からない」という言葉だった。ずっと心の奥深くにひっかかり、気になっていた言葉だ。

「あの時はもう判断する力がなく、それで口にした言葉だったのだろうか？」

「いや、違う」「瑠美子には何か考えがあり、発した言葉に違いない」ベンチに座りながら、広場の上の空を見上げた。

「伸ちゃん、あの言葉はね」瑠美子の優しい声が聞こえてきた。

「薄れゆく意識の中で、私思ったの。婚約してから四十年間、ずっと幸せだった。幸せな結婚生活を伸ちゃんと過ごしてきた」

「子供は授からなかったけれど、ケンちゃんが二人のところに来てくれたわ」

「伸ちゃんが一所懸命働いてくれたお蔭で、好きなテニスを続けられ、二人で旅行にも出かけられた。本当に幸せだったよ」

「もし私が先に逝って伸ちゃんが一人になっても、伸ちゃんには幸せになって欲しい」

「私が先に逝ったことで、悲しんでばかりいて欲しくないの。だから、あの言葉を言ったのよ」

「もし私があの時、「私も生まれ変わってもう一度伸ちゃんと結婚したい」って言ったら、伸ちゃんは喜ぶかもしれない」

「でもきっと、私に未練が残ると思うの。私は精一杯、伸ちゃんと生きたの」

「たとえこの病で亡くなっても、希望を持って闘病してきたわ。だから私は幸せ」

「私がいなくなっても、いつか伸ちゃんが素敵な人と出会えたならば、その人と幸せになって欲しいの」

「ただそれだけだよ、本当に伸ちゃんのことが好きだから」

伸一はその時、手賀沼から吹き抜けるかすかな風を感じた。

「君の〝分からない〟という言葉は、そういう意味だったのか」

「君の優しさは痛いほど分かるけれど、僕はずっと瑠美ちゃんを思い続けるよ」

「これからもずっと、君に尊敬されるように生きていく」

そしていつか、君がいる世界に往ったら、必ず君を探し出すよ。どこにいたって、君を見つける。

「たとえ姿や顔立ちが変わっていても、僕には分かるんだ、君の優しさが」

そしてもう一度言うよ。

「瑠美ちゃん一生そばにいて、僕をサポートして欲しいんだ」と。


どんなに愛し合った男女も、一緒に手を取り合って旅立つことはできない。必ずどちらかが、愛する人を見送らなければならない。心中《しんじゅう》は、精一杯生きなければならないという自然の摂理に反している。緩和ケア病棟の瑠美子が、それを示してくれた。自らの筋肉を削り、痩せ細らせて、最後の一滴のエネルギーが燃え尽きるまで、懸命に生きてくれた。

伸一は瑠美子を失い、言葉にすることができないほど寂しく悲しい。「でも、この悲しさを瑠美子に味わわせず、自分が引き受けることで良かった」と思う。私が病に倒れ、瑠美子に看病をさせて悲しませることを考えれば。

二人は昭和のほぼ同じ時期に生まれ、勤め先で出会い恋をした。結婚して昭和、平成時代をともに歩んできた。環境や社会の変化が大きく、自分たちの向かう先が明確に見えない時代でもあった。しかし、少しずつ生活が充実していくことを感じながら、混とんとした中にあっても前を向いて懸命に走って来た。

「そんな時代を君と一緒に歩むことができた」「価値観や覚悟の似ていたことが、二人をより深め合った」「互いに信頼することの大切さを二人は分かっていた」

一緒に暮らした札幌、柏、大阪、ロサンゼルス、我孫子の地には、君と幸せに過ごした記憶がたくさん残っている。どの土地のどのページを開いても、君の笑顔が蘇る。そして、その笑顔は僕を幸せにしてくれる。君がいたから、僕は幸せになれた。

「瑠美子に見守られている」

ふいにそう思った。

結婚してずっと君を守ろうとしてきたが、実は反対にずっと君に愛され、守られてきたのだ。森を抜けるかすかな風を感じながら、熱い涙が頬を伝った。

「なんて君は心根が優しいんだ」

最後の最後まで、君は僕との約束を守ってくれた。ずっと僕のそばにいて、僕のサポートをしてくれた。

「ありがとう、瑠美ちゃん」

あとがき

がん性髄膜炎の診断を受けてからの生存期間は、中央値で三か月余と言われています。妻の場合は、緩和ケア病棟に入院して二か月半が過ぎた時に、その診断から一年が経っていました。病室で懸命に命の灯をともし続ける妻の姿を見て、「妻が私に、何か使命を与えようとしているのでは」と感じました。その時、「二人が生きた軌跡を残したい」という思いが湧いてきたのです。

当時、がん性髄膜炎の症状の進行をインターネットで調べましたが、情報が少なく詳しいことが分かりません。患者や患者の家族が知りたい、「病状はどのように進行していくのか」ということが分からず、手探り状態の看病が続きました。

百人のがん性髄膜炎の患者がいれば、病状の進行も百通りあると思います。ですから、他の人の進行状況を全て参考にすることはできませんが、症状の進む傾向を知ることは、当人たちの心構えや準備に役立てることができると考えました。

こうして、「妻のがん性髄膜炎の症状の進行を記録に残せば、誰かの役に立つのではないか」と考えるようになったことなどが、この本を執筆した動機です。

本書の六割は、緩和ケア病棟の病室で書きました。本書を執筆するに際し、主人公の名前を「高山伸一」と「中川瑠美子」に改めました。二人の実名を使わないことにより、第三者的な立場で客観的に書き進めるためです。また、私たち二人以外の登場人物も、プライバシーに配慮し、一部を除き仮名にしました。

この本を書くことによって私は、心を平静に保ちながら、妻を看病し続けることができました。闘病生活を中心に書きましたが、二人が生きた昭和・平成にわたる半世紀を振り返ることにより、妻への感謝の気持ちがより強くなったことを感じています。また、自分の生き方を振り返り、反省する、貴重な時間を持つことができました。そして、本書は初めて書く妻への長いラブレターになりました。

本の完成を楽しみにしていた母みつよは、二〇一九年六月初旬、九十九歳十か月で永眠しました。亡くなる前日、呼吸が浅くなっているベッドの母に、小さい頃や若い頃に世話になった話をして感謝の気持ちを伝えました。少し認知症の進んでいた母ですが、その時は頭が明晰になり、私の言葉に「そんなことないよ」「ありがとう」と数度にわたり言葉を返してくれました。

人生、必ず愛する人との別れがあります。その別れは辛く悲しいものです。しかし私の場合、妻と母を十分に世話できたことが、心に平穏と不思議な幸福感をもたらしてくれています。

本書はまず、妻の人格を形作ってくれた妻の母と兄、そして天国にいる妻の父に感謝し、捧げたいと思います。また一緒に語り、笑って共に青春を過ごした、小・中学校、高校、大学の同窓生の皆様、会社の皆様、体操仲間、テニス仲間、ケンの犬友やご近所の皆様に深く感謝して、この書を捧げます。さらに、「瑠美子からの感謝の会」開催以後、やや無気力になっていた私を、ゴルフや旅行に誘ってくれた友人たちにも心より御礼申し上げます。

出版にあたって、編集や校正を担当してくれた大学の同窓生である、エヴァナムの真鍋康利さんと奥様の麻利子さんには、大変お世話になりました。麻利子さんとは大学の教養部で同級生でした。また、亜璃西社の和田由美さんと井上哲さんには、素人の私が書いた原稿を、短期間で出版できるまでにご指導いただきました。ありがとうございます。

最後に、妻が肺腺がんを発病して以来、診断や手術、通院、闘病でお世話になりました医師の方々、医療関係の皆様、介護関係の皆様に感謝申し上げます。そして緩和ケア病棟でとりわけお世話になりました、松本医師こと野本医師と看護師の皆様に深く感謝申し上げます。

高井 保秀

令和元年六月二十八日

著者略歴　高井保秀（たかい・やすひで）

一九五二年大阪府岸和田市生まれ。岸和田高校、北海道大学水産学部卒業。食品輸入商社で国内営業・人事畑を長く経験する。四十四歳の時に、米国ロサンゼルスにある食品スーパーマーケットの経営を四年余り担当。帰国後は外食事業部、総務人事部などを管掌したのち取締役に就任。妻のがん発病を機に六十一歳で取締役を退任し、闘病生活を二人で歩む。知人の要請で、医療機器の研究開発の会社に常勤監査役として招かれ、非常勤監査役として現在に至る。

◇出版コーディネート
真鍋康利（エヴァナム）

瑠美子《るみこ》、君《きみ》がいたから
二〇一九年七月三十一日　第一版第一刷発行
二〇二〇年十一月十五日　第三版第一刷発行

著　者　高井《たかい》保秀《やすひで》
装　幀　須田照生
編集人　井上　哲
発行人　和田由美
発行所　株式会社亜璃西社
札幌市中央区南二条西五丁目六-七
メゾン本府七〇一
TEL　〇一一-二二一-五三九六
FAX　〇一一-二二一-五三八六
URL　http://www.alicesha.co.jp/
印　刷　藤田印刷株式会社

ISBN978-4-906740-38-3 C0095